문학과지성 시인선 238

버클리풍의 사랑 노래

황동규 시집

문학과지성사에서 펴낸 황동규의 시집

나는 바퀴를 보면 굴리고 싶어진다(1978, 개정판 1994)
악어를 조심하라고?(1986, 개정판 1995)
몰운대행(1991, 개정판 1994)
미시령 큰바람(1993)
풍장(양장본, 1995)
외계인(1997)
우연에 기댈 때도 있었다(2003)
꽃의 고요(2006)
사는 기쁨(2013)
겨울밤 0시 5분(2015, 시인선 R)
연옥의 봄(2016)
오늘 하루만이라도(2020)

문학과지성 시인선 238
버클리풍의 사랑 노래

초판 1쇄 발행 2000년 2월 2일
초판 9쇄 발행 2023년 3월 17일

지 은 이 황동규
펴 낸 이 이광호
펴 낸 곳 ㈜문학과지성사

등록번호 제1993-000098호
주   소 04034 서울 마포구 잔다리로7길 18(서교동 377-20)
전   화 02)338-7224
팩   스 02)323-4180(편집) 02)338-7221(영업)
전자우편 moonji@moonji.com
홈페이지 www.moonji.com

ⓒ 황동규, 2000. Printed in Seoul, Korea

ISBN 89-320-1144-3 02810

이 책의 판권은 지은이와 ㈜문학과지성사에 있습니다.
양측의 서면 동의 없는 무단 전재 및 복제를 금합니다.

문학과지성 시인선 238

버클리풍의 사랑 노래

황동규

2000

시인의 말

인간의 웃음과 사람의 웃음이 구별되는 이 황당함. 인간의 눈물과 사람의 눈물이 구별 안 되는 이 당혹감. 이들은 나의 걸림돌이다. 그러나 이 걸림돌들이 이 세상의 내 족적(足跡)이 아닌가.

2000년 1월
황동규

버클리풍의 사랑 노래

차 례

▨ 시인의 말

제1부(1997. 1~1997. 7)
퇴원 날 저녁 / 9
재입원 이틀째 / 10
지상(地上)의 양식 / 11
딸애를 보내고 / 12
캘커타 가는 길 / 14
봄날에 베토벤의 후기 피아노 소나타를 들으며 / 16
부활 / 18
산당화의 추억 / 20

제2부(1997. 8~1998. 1)
버클리 시편 1 / 27
토요일 저녁 / 29
버클리 시편 2 / 30
버클리 시편 3 / 32
버클리 시편 4 / 34
버클리 시편 5 / 36
바우아 데비의 그림 / 38
산책길에서 / 40
외따로 핀 꽃들 / 42
첫 비 내리는 저녁 / 44

세일에서 건진 고흐의 별빛 / 46
베르미어의 고요 / 48
정선의 금강산도 / 50
죽음의 골을 찾아서 / 51
버클리풍의 사랑 노래 / 60
1997년 12월 24일의 홀로움 / 62
마지막 산책길 / 64
안개 속의 전화 / 66

제3부(1998. 2~1999. 12)
범종 소리, 들어갈 수 없는 / 71
1998년 5월의 문답 / 80
원두 커피 든 가방 / 81
어려운 것들 1 / 82
어려운 것들 2 / 84
땅 춤 / 85
옛 지도 / 86
안개의 유혹 / 88
황국(黃菊) 몇 송이 / 97
겨울 간월도에서 / 98
인간의 꿈 / 99
봄비 / 100
속됨이여, 나의 삶이여 / 101
어느 초가을 날 / 102
외옹치 / 104
몸 비운 배 / 105

어떤 은유 / 106
혼(魂)을 쫓다 / 107
봄 바다 / 108
희한하다 아파트 속에서 / 109
무명(無明) 속에서 / 110
수련(睡蓮) / 112
기억이 지워지면 / 113
소유언시(小遺言詩) / 114

▨ 해설 · 마른 우물, 에로스, 설렘 · 이문재 / 119

제1부
(1997. 1~1997. 7)

퇴원 날 저녁

흑반(黑斑) 잔뜩 끼어 죽어가는 난 잎 어루만지며
베란다 밖을 살핀다.
저녁 비가 눈으로 바뀌고 있다.
주차장에 누군가 차 미등 켜논 채 들어갔나,
오른쪽 등 껍질이 깨졌는지
두 등 색이 다르다.
안경을 한번 벗었다 다시 낀다.
눈발이 한번 가렸다가
다시 빨갛고 허연 등을 켜놓는다.
난 잎을 어루만지며 주인이 나오기 전에
배터리 닳지 말라고 속삭인다.
다시 만날 때까지는
온기를 잃지 말라고
다시 만날 때까지는
눈감지 말라고
치운 세상에 간신히 켜든 불씨를
아주 끄지 말라고
이 세상에 함께 살아 있는 그 무엇의.

난이 점차 뜨거워진다.

재입원 이튿째

성긴 눈발 속에 바다로 가던 길이
모퉁이를 돌며 주춤주춤 멈춘다
마지막으로 한번 되돌아보듯.
하긴 살다가 나도 모르게 도달한 곳,
돌 성글게 박아 몸을 틀며 내려가는 좁은 길,
잎 진 나무 하나
앙상한 팔을 들어 눈을 맞고 있다.
팔꿈치에는 찢어진 그물과
팔등에는 새파랗게 얼어 있는 겨우살이
그 옆에는 마른 우물
들여다보면
가랑잎 얼굴들이 모여 있다.
가장자리가 온통 톱날인 얼굴들.

잎 진 나무 하나
마른 우물
모퉁이를 돌며 주춤주춤 멈춘 길.
돌기 전엔 성긴 눈
돌고 나면 밴 눈
하늘과 앞길이 대번 하얗게 질려……

지상(地上)의 양식

토요일 오후
혼자 있을 때만이라도 한번 다르게 살아보자고
나를 떼어놓고 살아보자고, 느슨히 살아보자고

주말이라 주차장이 비어
일부러 제일 먼 곳에 차를 세우고
걸었다.
한 동(棟) 화단에 영산홍들이 때맞춰 환하게 피어
너무 환히 피어 시드는 기색 있는 놈을 막 지나자
어찌 이리 됐지?
반으로 깨어져 속이 드러난 커다란 벤자민 분.
윤기 있는 잎 멀쩡한 줄기 밑에
뿌리가 한 분 가득 감기고 얽히고 눌려
큰 뱀에 감겨 조여 울부짖는 저 삼부자(三父子) 라오콘,
바티칸 박물관 한 귀퉁이 화끈한 저 고통의 기호(記號)!
들리지 않는다.
잎새 빛나는 저 나무들마다
그 기호 하나씩 땅속에 숨기고 있다면!
어떤 보이지 않는 곳을
우리 감히 고통 없는 곳이라 부를 수 있단 말인가.

딸애를 보내고

공항에서 딸애를 독일에 다시 보내고 돌아와
어떻게 해선가 주차장에 차 집어넣고
엘리베이터 내려 아파트 문을 여니
공허감
거실과 부엌을 번갈아 들었다 나왔다 해도 가시지 않는다.
아내가 학교 가느라 저녁 일로 남기고 간 설거지를 한다.
물을 갈고
새로 천천히 다시 한번 한다.
잡히는 대로 바흐의 무반주 첼로를 틀어놓고
서가에 비스듬히 누워 있는 『운문록(雲門錄)』을 들춰본다.
오죽 허전했으면 운문은 스님들에게 질문을 하고
대답 못 하면 그럼 네가 그렇게 물어봐라 시키고
자답(自答)하곤 했으랴.

운문이 한 스님에게 물었다.
"옛사람이 말씀하시기를,
가없는 세계에 나와 남이 털끝만큼도 떨어져 있지 않

다, 하셨는데,
  신라와 일본이 여기랑 어떤가?"
 "다르지 않습니다."
 "지옥에나 빠져라."
 대답이 없자 대신 말했다.
 "지옥이라는 생각을 지어서는 안 되지요."*

  * 「감변 95」, 『운문록 下』(장경각판).

캘커타 가는 길

2월초 북인도의 밤
가야 역(驛) 지붕 없는 플랫폼의 달마저 없는 추위.
인도식(式) 2시간 반 연착 기차를 떨며 기다려
새벽 5시 지나 3층 나무 침대에 기어올라가
진로 팩 따 마시며 해 뜨는 방향으로 가는 길
초벌구이 흙 잔 합쳐 50원짜리 차이〔茶〕
세 잔째 안주로 마시는 눈앞에
기차가 긴 곡선을 그리며 해 뜨는 대지를 보여준다.
드문드문 나무가 서 있는 언덕
그 아래 펑퍼짐한 골짜기가
대지의 품속으로 사라지고
그 뒤에서 해가 뜬다.
빛이 땅 뒤에서 솟아나며
시끌시끌 소리를 낸다.
하늘이 해를 힘껏 끌어올린다.
저 봐! 하고 아래 누운 일행을 깨우려다 만다.
너무 곤히 잠들었군.
기차 구르는 소리 속에 코고는 소리 들리지 않으나
나무 침대에 흔들리는 잠든 얼굴들 진지하다.
나체(裸體)의 해가 완전히 떴다.

혹시 나 혼자 해돋이를 보려고 깨우지 않은 것은?
않은 것은?
기차가 완만히 다른 곡선을 그린다.
차이 한 잔 더 사고
소녀의 손보다 더 가냘픈 소년의 손에
거스름돈을 쥐어준다.
창밖은 척박한 땅에 뿌리박은 수척한 나무들
사이사이 어두운 움집들
그림자처럼 움직이는 인간들
그 뒤로 마른 강 두 줄기
한참 나란히 흘러가다가
헤어지기도 숨기도 하다가
문득 멈춰 마주보다가
기다렸다는 듯 서로 바싹 마른 몸을 껴안는다.
3층 나무 침대에서
뼈 한 다발이 황홀해진다.

봄날에 베토벤의
후기 피아노 소나타를 들으며

문주란 소철 귤 화분 속 여기저기 내려앉아 피어 있는 민들레들,
턱이 낮은 네모난 괭이밥 분 가장자리에
아슬아슬 붙어 핀 놈도 있네.
이놈들이 도대체 어떻게 여기까지 들어왔지,
초봄 내 망사 창을 닫아두었는데.
모르는 게 어디 한두 가진가.
어느 날은 마음에 가까운 것 멀리하고
먼 것 가깝게 해보려고
몇 번 읽다 던진 책 열심히 읽었다, 전화 한 통 없이.
(데리다, 데리다?)
세상 모든 일 다 그렇다고 하지만
클라우디오 아라우가 천천히
그 누구보다도 천천히
베토벤 피아노 소나타 30번 마지막 악장을 치듯
치는 도중 찻물 끓어 그만 의자에서 일어섰나,
곡이 끝나듯
그렇게 살고 싶다.

오늘 같은 봄날 오후

미시령에 차 세우고 문을 열자
고요,
아 이렇게 미치게 바람 자는 미시령도!
저 하늘, 저 고요 속, 춤추는 호랑나비,
저 형상, 저 무한 곡선!

피렌체 남쪽 백여 리 시에나 시(市) 언덕
두오모 성당에 빨려들어간 오후 두시
정문 위 스테인드 글라스가 햇빛을 정면으로 받으며
성상(聖像) 모자익들 일순 승화하고
창 전체 세상 전체가 온통 부신 빛.
눈감으면
눈의 안마당에 들어와 춤추는 저 무한 형상령(形象靈),
저 춤의 무량(無量)!

의자에서 일어선다.

부활

부엌 창턱에 올려놓고 이 년 간 즐기던 조그만 장미 분을
햇빛 더 받으며 살아보라고 베란다에 내놓았더니
눈 깜짝할 사이 진디와 더위에 말라붙어
들여다보니 눈이 감겨 있었다.
가지를 몽땅 자르고,
──저 사지(四肢)의 절단, 아픔,
잘린 면을 무의식처럼 물들이던 진──
다시 부엌 창턱에 올려놓고,
링거 주듯 찔끔찔끔 물을 주자
이틀 만에 새끼손톱 잎 세 개가 돋았다.
다음날엔 다섯 개가 삐죽삐죽.

떠돌았다,
바다와 만나고 헤어지고 또 만나려고
오랜만에 배영(背泳)으로 편안하게 헤엄치는
배들을 만나려고.
아 이건 두 시간 전에 헤어진 포구!
그런데 뭐가 다르지?
헤엄을 접영(蝶泳)으로 바꾸었구나.
물결이 꽤 일고 있군.

언제 배들이 나비처럼 날 것인가?
모든 게 산 것의 몸짓을?
종일 강화를 떠돌다 돌아왔다.

물 마시려고 켠 부엌 전깃불 속에
아직 음지 쪽은 조금 덜 자랐지만,
전 모습 거의 회복한 장미.
사지 잘릴 때 엉기던 그 진, 그 아픔, 끈질긴 그 의식,
지금 이 줄기 이 잎 뿌리 속 어디에 각인되어 있는가?
혹은 인간의 눈물처럼 증발해 천천히 잊을 맛으로
삶의 질긴 끈이 당기는 곳으로
무작정 혀 내밀고 있는가?

산당화의 추억

1
생(生)의 나중 반절을 부안반도 남쪽 입구에 숨어 산
반계 유형원의 글쓰던 집을 찾아
골목길 입구에서 쥬스 한 캔 사 마시고
사슴 두 마리 물끄러미 서 있는 조그만 농장을 돌아
산길 오르기 직전
이리저리 이름 모를 새 소리 찾는 눈에
피어 있던 한 무리 산당화.
알맞은 키의 조그맣고 바알간 불씨들 너무 예뻐
손등을 가시에 긁히며
하나씩 가운데 노란 꽃술까지 하나씩
만져본다.

2
추억은 인간을 사람으로 만든다.
큰 바위가 나타나고
길이 가팔라지며 숨이 가쁠 때
바위 앞에 발 앞에
진초록빛 끈 하나가 움직일 때
마음속에 켜 있던 저 불씨들.

초록 독뱀에 놀라고 놀람이 곧 초록빛 호기심이 되는,
질겁하는 손과 만져보고 싶은 손이
한 손에서 일순 만나 손을 완성하는,
손이 점차 투명해지는,
'사람'의 설렘.

3
아무도 없다.
마당 옆 납작한 돌 쌓은 우물엔
이끼 파랗고
왼편 방 마루를 한 단 높여 난간 두른
간편한 누마루
조용히 앉아
간편하게 손으로 어루만져본다.
아까 울던 새가 언제부터인가 다시 울고
손에 나무의 무늬가 묻어난다.
무늬가 살아 있었구나
한때 숨쉬며 설레고 꿈꾸던
나무들의 환희 고통 추억이.

4

반계의 집에서 반계를 잊고 내려온다.
아까 뱀 만난 자리에 오니
바로 길 옆에 불켜놓고 서 있는 산당화들.
왜 좀 전엔 못 보았을까.
전처럼 손을 내미니
이번엔 가시들이 '손대지 말아요!'
(나도 아무나 만지는 것이 싫었어,
자신도 모르게 내 가슴을 훑은 자들!)
공중에서 슬그머니 손을 거두어
가슴을 쓸어본다.
과거 손 못 대본 모든 것의 추억들이 설렌다.
그 설렘들,
사람이 설레는 순간을 그 누가 간단히 잡을 수 있으랴?
몸 속을 눈감고 달리는 저 무량(無量)의 피
먹구름 속에서 울리지 않고 거푸 치는 징
저 깊이 잴 수 없는 보랏빛 속 반디들의 흩날림
그 순간 하나를 저장하려면
용량 1기가바이트도 부족하리.
두 손을 차례로 들여다본다.

손이 점차 투명해지고
반디들이 여기저기 뜨고
저 환한 시간의 멈춤!

제2부
(1997. 8~1998. 1)

버클리 시편 1

직장에선 휴게실 기웃거리고
집에선 전화 벨 울기 기다리며
울지 않으면 수첩을 들추고,
하나만 움직여도 한꺼번에 바스락 소리를 내는
몸에 몸을 댄 갈대처럼 외로움 피해 살다가
갈대 아주 쇠기 전 한번 흠뻑 외로워보자고
태평양 위에서 밤 한번 꼬빡 새우고
샌프란시스코 공항에 내렸다.
처음 며칠은 신문도 전화도 없이
한글 자판이 없어
틀린 자 계속 찍히는 노트북 앞에서
FM 하나로 견뎠다.
23층 아래 샌프란시스코 만(灣)이
 이중창을 통해 잔주름 호수로 누워 있고
 낮이 차차 저녁이 되고
 계속 가면 마종기 사는 오하이오 톨레도를 물수제비 뜨듯 스친다는
 아파트 창 아래 바싹 붙어 지나는 80번 프리웨이의 차들이
 모르는 사이에 흰 전조등과 붉은 미등으로 바뀌곤 했

다.
원효가 채 못 되어 더 목마른 중이 왜 없었겠는가?

　　버클리 가까운 에머리빌에 얻은 아파트가 23층이어서 전망이 참 좋았다. 거실 창가에 앉으면 샌프란시스코 만 북쪽 전부가 시야에 들어왔다. 바로 밑은 80번 도로. 그러나 이 시편들을 쓸 무렵 학교는 아직 방학이라 혼자 아파트에 남아 있는 날이 많았고, 아름답고 화려한 전망이 오히려 더 외로움을 낳을 수 있다는 것도 새로 알게 되었다. 나이 때문에 더 그랬을 것이다. 가능한 한 고국 생각은 덜하기로 했다. 산책을 했다. 음악을 들었다. 책을 읽었다. 작품을 썼다. 이윽고 외로움을 통한 혼자 있음의 환희 '홀로움'에 이를 때까지.

토요일 저녁

어디 제대로 전임 한 자리 얻지 못해
여기저기 전임 대우로 떠돌다 젊은 나이로 죽어
궂은비 내리는 빈민 묘지에 아무렇게나 묻힌
후에 시신(屍身)조차 못 찾은
모차르트
지금처럼 오갈 데 없이 저녁이 올 때 혼자 창가에 앉아
그의 음악을 듣고 있으면
(그 어느 곡이면 어떠리)
외로움이 사치라는 생각이 든다.

샌프란시스코 만 위에 외로운 구름 한 채 낮게 떠 있다.
주위엔 아무도 없다.
아니다, 물 위에 그림자가 떠 있다.
서로 속삭임을 주고받는 듯
구름이 알겠냐는 듯 그림자를 내려다보고
그림자가 알았다는 듯 구름을 올려다본다.
저녁 햇빛이 이들을 둘 다 환하게, 자지러들 듯 환하게
물들인다.

버클리 시편 2
──홍순경에게

목마름이 사람을 목마른 사람으로 만든다.
쓰던 편지 노트북 화면에서 지워버리고
설거지를 하고
새로 샤워를 한 뒤 옷 갈아입고
아파트를 나서
거리 몇을 건너고 질러
80번 도로를 밑길로 뚫고 물가로 나간다.
아무도 없다.
누군가 작품으로 만들었겠지,
통나무 엮어 만든 추상 구조물들이
힘들게 파도에 씻기는 것을 보며,
그 중 인간 닮은 놈 하나는 방금 물 속으로 쓰러지기 직전!
예술도 언젠가는 사라지리라.
혹은 목마른 사람의 마음속 어디에
마른 씨앗처럼 붙어
언젠가 단비 올 때 다시 싹트곤 할까?

해변을 걸어도 낚시꾼 하나 없다.
콩과(科)겠지, 외로운 꽃 한 줄기 피어 있을 뿐.

잔교(棧橋) 끝에 혼자 서 있는 흑인 노인과 나란히 서서
만(灣) 위에 피고 있는 구름을 쳐다보다가
날 저물어 돌아온다.

버클리 시편 3

아파트 화장실에 걸려 있는 앤슬 애덤스(Ansel Adams) 사진의 거대한 흑백 구름이
내륙 쪽에 일고 있다.
쪽빛 바다 쪽 하늘이 밀린다.
카멜 가는 길,
고속도로 분리대는 계속 나무백일홍.
모래 산에 버짐처럼 나무들이 박혀 있고
하늘이 온통 구름에 덮인다.
명도(明度) 높은 태평양이 오른쪽에 나타났다 사라지고
다시 살아난다.
더 달리면
한국 동해의 절벽들이 찬란히 황해의 굴곡을 만들고
갑자기 햇빛이 쏟아진다.
하늘이 더 넓어진 것 같구나.

가만,
카멜 시(市)는 온통 조그만 단층집 이층집
상점은 가정집
성당은 흙벽돌집

그 작은 크기들이 가슴에 꼭 들어온다.
성당 뜰 입구에선 등신대보다 작은 불에 구운 진흙 마리아 상이
흙의 눈을 뜨고
자세히 보면
너무 깊어 속 동자(瞳子)가 한없이 고요한 사람의 눈을 뜨고
꽃 핀 나무 밑을 거니는 인간들을 보고 있다.

버클리 시편 4

사람에게 온전 고독은 주어지지 않는다.
일부러 잘 간수한 마지막 우표 넣어둔 곳 잊고
아무리 찾아도 보이지 않아
아파트를 온통 뒤지고
내일 아침 부칠 편지 하루 미뤄야 할 때,
전화 벨을 울려야 할 친구에게서
끝내 소식이 없을 때
(그도 바쁠 테지
또 전화 걸면 독촉),
거실의 불빛 반으로 낮추고
샌프란시스코 하행선이 막히는
80번 도로를 물끄러미 내려다볼 때,
FM에서 흐르는 모차르트 바이올린 소나타 E단조
저 슬픈 바이올린.
뉘 알았으리
외로움과 슬픔이 이처럼 가까운 이웃!
마음과 음악이 만나 같이 여울지며 흘러가다
이윽고 잔잔해질 때
전화 벨이 울린다.
잘못 걸려온 전화.

수화기 속 사내의 사과 말
지금까지 들은 그 누구의 사과보다도 부드럽고 달다.
가만!
여권 속에 안전하게 끼워둔 우표를 찾아낸다.
외로움이 홀연 홀로움으로……

버클리 시편 5

이런 일이!
텔레비 위 거울 앞에 놓여 있는 굵은 대나무 통
(전 거주인이 동양인이었는지
내 피부를 알고 주인이 일부러 가져다놓았는지)
보름 동안 발견하지 못한 이유?
오는 날 저녁부터 옆에 책을 쌓아두긴 했지만
매일 보면서 보지 못한 것.
어디 그것뿐이랴
채 읽지 못한 옆 사람의 변화
나중에 읽고 놀란 일.
아주 읽어보지 못한 사람도 좀 많으랴.

담양산(産)보다 굵은 대 두 마디를 잘라 만든 대통엔
고목 매화가 때늦게 꽃 피우고 있고
구름 운(雲)자 낙관이 쳐 있다.
꾀꼬린지 종다린지 매화나무 빛깔과 꼭 같은
새 한 마리가 나무 위로 내리고 있다.
부리를 보면 노래하고 있다.
고목에도, 둘러싼 여백에도,
들어줄 새 아무데도 없는데,

들어줄 벌 나비의 기척 하나 없는데.
허나 노래하고 싶을 땐 노래하는 것이다.
화답할 이 없어도 노래하는 것이다.
들어줄 미물 하나 인기척 하나 없어도
노래하는 것이다.
가만, 꽃들이 귀기울이고 있다
새의 입을 향해 몸들을 활짝 열고.

바우아 데비의 그림*

1950년대초 거지보다도 창녀보다도 한 급 낮은
인도의 제5계급으로 태어나
어린애 신부로 팔려 맞고 버림받고
60, 70년대에 몰아친 혹심한 가뭄 겪고
삶의 온갖 고통 다 살아버리고 다 살라버리고
이제 삶의 환희만 남은 그대,
그대가 물감 칠한 모든 종이는 노래하고 있다.
사람 사는 일 비록 복잡지만,
그대 손에 어느 순간 선과 색이 만나 타오르면
살맛 하나로 바뀌는 것을.
습지 많은 그대의 고향 뱀들도
어느 날 그대를 문 뱀들도
환한 뱀들이 되어 노래한다.
그 노래 속에 시바 신(神)의 남근도
산봉우리로 부풀어오르고,
상반신은 입술에 핑크색 동그라미 친 소녀
하반신은 꼬리 끝까지 찬란한 뱀
그대의 '뱀 소녀'는
지상은 물론
뱀의 고향 지하까지 노래하고 있다.

노래하라! 노래하라! 삶이 지상 혹은 지하의 어느 한 귀퉁이로
 그대를 가둘 수 없도록.

> * Baua Devi 특별전은 1997년 여름 버클리 대학 박물관에서 전시되고 있었다. 종이에 원색 물감을 칠한 그네의 그림은 집단 상상력이 만든 신화를 한번 더 개인의 상상력을 통해 변형시킨 환희의 그림들이었다. 명성을 얻고도 그네는 습지가 많은 가난한 고향 마을 Jitwarpur를 떠나지 않고 살고 있다.

산책길에서

80번 프리웨이를 밑으로 뚫고 건너면
샌프란시스코 만
오른편으로 가면
내 창에서 내려다보이는 물굽이가 있고
바닷속으로 한참 나가다 걸음 멈춘 둑이 있다.
그 끝에서 산책을 멈추고
베이브리지, 샌프란시스코, 금문교를 둘러보곤 했지.
왜 나는 그 쪽으로만 갔을까.
산책 시작한 지 한 달 반 만에
오늘은 왼편 길을 택해본다.
굵고 큰 채송화 줄기에
꽃은 엉겅퀴 닮은 솔잎국화들이 피어 있고
유카리나무가 서 있고
사람 하나 없다.
베이브리지 샌프란시스코 금문교가
둑 끝에서보다 더 바투 모여 한 시야에 들어온다
석양빛 찬란히.

돌아오는 갈림길에서 나도 모르게
오른편 길을 걷고 있었다.

북향이라 늘 블라인드 걷어놓고 사는 내 창에게
걷어찰 돌멩이 하나 없이 걸어가는
어깨 구부정한 사내의 모습 보이기 위해?
어제 산책길에 막 고개 숙일 기미 보인 꽃이
아직 온몸으로 상체 쳐들고 있는 것을 보기 위해?
얼굴 무게를 어디 내려놓지 못하고
(지구가 어디 있지?)
두 손으로 받든 채 어쩔 줄 모르고.

외따로 핀 꽃들
——해외에서 글쓰는 동업자들에게

외국에서 우리말로 글쓰는 사람들
너나없이 외로운 사람들
자신들이 어느 회사 항공기를 타고 왔다는 얘기를 한다.
떨어지지 않고 왔다!

외따로 핀 꽃들.
꽃판에서 떨어져 작게 외따로 서 있는 꽃에게
잠시 마음 주어보라.
마음 온통 저며진 꽃!

(나는 외로움의 도사
자동차 없이 23층 아파트에서 저 넉넉한 물굽이를 내려다보며
물가를 거닐며
반년은 거뜬히 보낼 수 있다.
헌데 지금, 잘못 걸려온 전화라도 한 통!)

외따로 피어 있는 사람을 만나면
마음 그윽해진다, 쥐도 새도 모르게.

사람은 오래 참고 사람은 온유하며
투기하는 자가 되지 아니하며
사람은 자랑하지 아니하며……
그러므로 믿음 소망 사람 이 셋은 항상 있을 것인데
그 중 제일은 사람이라.

첫 비 내리는 저녁

창밖엔 캘리포니아 와서 첫 비 내리는 날,
이중창에 묻는 빗방울이
멈춰진 맥박들 같다.
일 년이 간 것 같다.
오후 4시, 밀린 빨래할까 말까 저울질하다
문학과지성사도 사당동 남원 추어탕집도
맥줏집 피카소도 눈앞에 어른거리고
마종기 전화는 없고
(내 전화 두 통이나 자동 응답기로 삼키고도!)
이왕 외로우면 피하지 말자.
얇은 비 맞으며 가까운 서점에 내려가
알프레드 브렌델이 치는 베토벤 후기 피아노 CD를 구해
30번을 걸어놓았다.
이 곡을 들으면 서울서도 시간이 늦춰지고
나도 모르는 사이 낮은 불에 차를 끓이곤 했는데.
31번으로 들어가기 직전 일어나
다시 처음으로 돌려놓고 창가에 앉으니
조금 전까지 멀쩡하던 아파트 밑 80번 도로가 꽉 막혔다.
흐르던 시간이 삶에 걸리고
걸린 시간이 찢어질까 봐 조심조심 치는 피아노가

드디어 하늘 한편을 환하게 열어놓는다.
이른 저녁별이 보인다.
세번째 전화를 걸리라.

세일에서 건진 고흐의 별빛

방금 세일에서 건진 고흐의 복사화
「별 빛나는 하늘 아래 편백나무 길」
한가운데 편백나무 두 줄기가
서로 얼싸안고 하나로 붙어 서 있는
밀밭 앞길로
위태한 마차 한 대 굴러오고,
하나는 삽을 메고
하나는 주머니에 두 손 찌른 채
농부 둘이 걸어오고 있다.
하늘 위에 별이라곤
왼편 귀퉁이에 희미한 것 하나만 박혀 있고
(별나라엔들 외로운 별 없으랴)
나머지는 모두 모여 해와 달이 되어 빛나고 있다.
빛나라, 별들이여, 빛나라, 편백나무여,
세상에 빛나지 않는 게 어디 있는가.
있다면, 고흐가 채 다녀가지 않았을 뿐.
농부들을 붙들고 묻는다,
'저 별들이 왜 환하게 노래하고 있지요?'
'세상에 노래하지 않는 별이 어디 있소?'
빛나라, 보리밭이여, 빛나라, 외로운 별이여,

빛나라, 늘 걷는 길을 걷다
이상한 사람 만난 농부들이여.

베르미어의 고요

마흔세 살에 이 한세상 뜨기까지 베르미어(Vermeer)는
화란 델프트 시(市)의 조그만 집에서
계속 태어난 아이 열하나를 남김없이 키우며
캔버스를 채우려니
세상의 어떤 꿈보다도 고요가 그리웠겠지.
그의 그림에선 늘
가구들, 그릇들, 보석들,
아기 밴 여자들
막 들어올려진 저울
그 저울에 머물러 있는 지구의 인력까지
고요를 만든다.
빛이 쏟아져 들어오는 창들도 고요를.
소녀가 입 반쯤 벌리고 정지한
저 시간이 벗겨진 고요!

고요를 깨고 싶다.
방금 사당동집 베란다 한구석
이마에 빨갛게 물든 잎 한 장 붙이고
고요 속에 몸 말리며 서 있을 단풍나무
식도(食道) 살짝 적실 물 한번 주고 싶다.

식구들 다 일보러 나가고
아직 아무도 돌아오지 않은 적적하고 어둑한 가을 저녁
시간의 입을 한번 적실.

       (1997년 늦가을, 버클리에서)

정선의 금강산도

버클리 대학 미술관 조선 시대 특별전에서 만난
정선의 금강산도(圖)
혹시 한 조각이라도 부서져내릴까 봐 떨어져 나갈까 봐
산들을 한데 모아 분재처럼 키운 그림.
자세히 보면 빽빽한 공간 속에
절도 집도 무지개다리도 다 들어 있다.
마애불도 서 있고 폭포도 내리고
아 사람만 없구나.

정선이 어찌 벌써 알았지?
분재 속엔 사람이 살 수 없지.
나무 서 있고 물 흐르고 새가 날고
우주의 잔 맛 쏠쏠히 배 있어도
사람은 살 수 없지,
온갖 목숨 촉촉히 서로 붙들고 있어도.

죽음의 골을 찾아서[1]
—— C에게

1
갈 때는 결국 모두 두고 떠나는 거지?
태평양 물금 아래로 해가 떨어지는 것을 정신없이 바라볼 때
수첩과 함께 모두 사라졌다,
운전 면허증
비자 카드
뱅크 오브 어메리카드
소셜 시큐리티 카드
도서관 열람증
증명 사진 몇 장까지.
동네 바에 내려가 조용히 맥주 한잔 마시고 올라와
고흐의 빨간 담요 노랑 시트
따스한 침실 그림 다시 한번 들여다보고
동물들처럼 웃고 있는 그의 의자들을 만나
같이 웃을 준비를 하며
늘 하듯이
한가운데 금(金)색 띠 두른 잔에
스카치를 띠까지 따르고
오늘은 조금 더 따라 한번 출렁이게 하고

물을 약간 섞는다.
밤 열한시, 지금쯤엔 높은 곳으로 가곤 했는데
오늘은 엘리베이터 잘못 탄 듯
낮은 곳으로 내려간다.

해면(海面)보다 낮은 곳을 사람들은 왜 죽음이라 불렀을까?
왜 죽음의 바다, 죽음의 골이라 불렀을까.
죽음이란 과연 낮은 곳일까.
죽음보다 더 낮은 곳은?

태평양에서 해가 지고 있다.
새들이 황망히 나는 바다 저편에
하늘 위에 있을 때보담 더 정열적으로 붉어진 불덩이가
마지막으로 지상을 한번 더 엿보려는 듯 턱 치켜든 채
해면 아래로 떨어지고 있다.
배 두 척이 바삐 헤엄치고
하늘과 함께 붉은 빛으로 물든 바닷물이 출렁거리고
날던 새들이 사라지고
드디어 해면 아래로 해가 떨어진다.

쟁그랑, 잔이 부엌 바닥에 떨어진다.
목마름!

2
평생 지평선 수평선을 그린 러시아 출생 미국 화가 마크 로스코는[2]
그림 팔리기 시작하자 목매어 자살하고
나는 그의 지평선 하나를 얻기 위해 버클리를 헤맸다.
지평선, 신과 인간이 만나던 금,
다가가면 늘 뒷걸음치던 금,
때로 인간의 마음속에 간신히 그것만 간직되던 금,
그 금이 완성돼
인간의 목을 맬 올가미가 만들어진다면?
아 인간의 발이 바닥에 채 닿지 않는 외로움!
전철 속이 너무 환해 그만
애써 구한 복사화를 놓고 내린다.

3
'죽음의 골' 꿈을 꾼다.
아무리 걸어도 지평선이 나타나지 않는다.

모래 위에 엄청 큰 선인장들을 지나친다.
한 그루, 한 그루, 또 한 그루, 그리고 또.
완전히 닮은 선인장들의 계속적인 출현.
자세히 보면
내 발이 허공에서 버둥대고,
화닥닥 놀라 잠을 깬다.

4
신새벽에 LA를 떠난다.
카세트로 듣는 버디 가이의 걱정스런 "다음엔 어디서 터지지?"[3]
이 세상에 터질 일 좀 많으랴.
이 청명한 날씨에
혹시 사막 속의 차 고장?
내리쬐는 햇빛 속에 무작정 기다리는 인간의 그림자.
가만, 아파트 화분에 물주고 오는 것을 잊었구나.
조그만 화분 하나는 이미 시들고 있었지.
아직 터진 것은 아니다. 화분 속에 살아 있는 것들이여, 며칠만
며칠만 목에 침 삼키며 참아다오.

길 양편엔
하나하나 다른 옷 입은 허수아비 같은 조수아나무들이
팔에 팔이 달린 팔들을 벌리고 서 있다.
기름 넣기 위해 들린 코소 정션
인구 9명,
해발 표고 1120미터.
노란 늦단풍 막 들고 있는 올란차에서 190번 도로를 타기 전
5000미터 가까운 만년설 휘트니 산의 흰한 이마가 왼편에서 나타나
계속 뒤따라온다.

5
도로가 해발 0미터 아래로 낮아지고
바람도 들어와선 길을 잃는다.
선인장은 없고
큰 공 모양의 사막납가새 드문드문 꽂혀 있는 땅 위로[4]
서로 모습 다른 모래 둔덕들이
그냥 서 있지 않고 계속 흐르고
겉으로 보면 흐르지 않아도

가만히 들여다보면 흐름이 보이고
죽음이 느껴지지 않는다.
까마귀 몇 마리 낮게 날고 있는 저 하늘 아래
언젠가 나도 계속 옮아다니며 모습을 바꿀 수 있게 된다면!
바람도 들어와선 길을 잃는다.

6

헐떡이는 차를 몰아
죽음의 골이 발 아래 내려다보이는
'단테의 시야(視野)'에 오른다
정상 1700미터.
내 몸이 선 곳과
건너편 흰 눈을 쓴
3000미터 파나민트 연봉(連峰) 사이에
해저 95미터의 드넓은 소금 골이 펼쳐져 햇빛을 받고 있다.
저 빛, 어떤 물감도 거부하는
무명(無明)의 빛!
단테가 이 자리에 온다면

저 밑 저 찬란한 소금 골을 지옥으로 볼까?
저 차고 단단한 빛을?
차라리 뭣이 터질까 두려워하는 인간들이 매달린
이 정상을 지옥으로?

7
아 인간의 발이 바닥에 채 닿지 않는 외로움
그 외로움을 찾아 선인장도 없는 사막을 뚫고 달려왔다.
해발 표고 마이너스 95미터를 하염없이 걸어도
빛나는 소금 골을 눈이 찡하도록 걸어도
죽음의 골은 계속 내 발을 받아주었다.
죽음은 두 발을 허공에 내어준 외로움도
산 자의 것으로 되돌려준다.

죽음에도 능선이 있고
능선에 뜨는 달이 있다.
자브리스키 포인트에 오른다.
달빛 속에 색감 조금씩 바꾸는
 노랑 둔덕, 검정 둔덕, 파랑 둔덕들이 황홀히 서 있을
뿐

어디를 보아도 버려진 시간은 없다.
언덕 너머 소금 빛이 피어오르고
달빛이 춤을 추기 시작한다.
달이 좀더 높이 오른다.
여러 색깔 둔덕들이 제각기 살아나 숨을 쉰다.
죽음의 골 전체가 숨을 쉬고
별들이 쟁그랑거리며 소근댄다.
저 언덕 어디엔가는
각기 제 삶을 안고 잠든 짐승들
새들이 있을 것이다.
전에 없이 잠투정하는 놈도 있을 것이다.
아끼는 잔이 또 하나 쟁그랑 깨질 것이다.

1) Death Valley는 미국 캘리포니아 주 동남쪽 네바다 주 접경에 있는 계곡으로 주로 높은 산들에 둘러싸인 해발 표고 마이너스 95m의 소금밭과 모래 둔덕으로 되어 있다. 사막에 둘러싸인 계곡답게 기온의 차가 심하고 건조해 드문드문 눈에 띄는 마른 식물과 눈에 잘 띄지 않는 몇몇 동물을 빼고는 죽음의 장소이다.
2) Mark Rothko(1903~1970): 뉴욕에서 활동한 러시아 출신 추상 표현주의 화가.
3) 흑인 블루스 가수 Buddy Guy가 노래한 "Where The Next One is Coming From?"

4) Creosote bush: 캘리포니아와 멕시코 사막에 사는 가시가 있는 납가새과 식물.

버클리풍의 사랑 노래

내 그대에게 해주려는 것은
꽃꽂이도
벽에 그림 달기도 아니고
사랑 얘기 같은 건 더더욱 아니고
그대 모르는 새에 해치우는
그냥 설거지일 뿐.
얼굴 붉은 사과 두 알
식탁에 얌전히 앉혀두고
간장병과 기름병을 치우고
수돗물을 시원스레 틀어놓고
마음보다 더 시원하게,
접시와 컵, 수저와 잔들을
프라이팬을
물비누로 하나씩 정갈히 씻는 것.
겨울 비 잠시 그친 틈을 타
바다 쪽을 향해 우윳빛 창 조금 열어놓고,
우리 모르는 새
언덕 새파래지고
우리 모르는 새
저 샛노란 유채꽃

땅의 가슴 간지르기 시작했음을 알아내는 것,
이국(異國) 햇빛 속에서 겁없이.

1997년 12월 24일의 홀로움

이제 곧 비워줄 아파트 창가에서
편지를 정리하고
그새 친한 샌프란시스코 만을
아깝게 어루만지며
슈베르트의 세상 뜨기 직전 음악
현악 오중주를 온몸으로 듣고 있으면
죽음과 맑음이 같은 뿌리에서 태어났음을 깨닫는다.
실뿌리까지 같다.
지금 환기창을 못 열 만치 바람이 세지만
물가로 밀려드는 물결들의 결이 보이고
한 결이 기슭에 닿으면
어느샌가 다음 결로 이어지는 것이 보인다.
물결의 뿌리는 어디 있는가?
멀리 산 라파엘 브리지가
침착하게 걸려 있다.
스케르조 악장에도 마음의 맑음을 새겨 넣은
곧 끊어질 병든 몸에 깃들였던 저 환함!
물결이 환해진다
어디 있는가
어디 있는가

곧 끊어질 생명의 외로움이나 슬픔이?
만년(晚年)의 끝이 어디 있는가,
과연 시간의 끝이?

마지막 산책길
──오문강 시인에게

  어쩌다 한 보름 산책 놓친 길
아파트 내어놓기 이틀 전
마지막으로 걸어본다.
마지막 빨래를 세탁기에 돌려놓고
  한 시간쯤 노래하는 슈베르트의 현악 오중주를 막 틀어놓고 나왔다.
  방이여
오늘은 겨울 안개 속에
버클리 마리나*까지밖에 보이지 않는
방이여
짐 싸느라 부산한 체하는 나를 내보내고
혼자서 한번 들어다오
『겨울 나그네』 끼마저 벗겨진
저 벌거벗은 슬픔과 맑음을.
크리스마스 다음다음날
보름 전보다도 한결 풀이 파래진 바닷가 길
낚시꾼 하나 없는 길.
  주인 없이 방이 혼자 음악을 듣는 것이 결국 삶의 마지막 모습.
  포르테시모!

테이블 가장자리에서 졸던 프라이팬이 화닥닥 바닥에
떨어진다.
　아무도 고개를 돌리지 않는다.
　아 내 끼마저 벗겨진 소리,
　벌거벗은 흥취.
　좀처럼 듣기 힘든 샌프란시스코 만의 물새 하나가
옆을 스치며 운다.
(1997. 12. 27, 에머리빌에서)

* marina: 모터보트 요트 등을 계선(繫船)하는 곳.

안개 속의 전화

이 객지, 아침부터 열리지 않는 안개
십이월에도 마지막 날 오후
조국은 바야흐로 IMF 시대
그 시대 속으로 머리 숙이고 들어가기 직전
친구집에 들어와
하루 종일 어디 전화 걸 곳도 받을 곳도 없이
친구 부부가 돌아오기만을 기다릴 때
내려다뵈는 샌프란시스코 만은
온통 에드바르 뭉크가 바른 안개 그림,
까닭 모를 눈물 가득한 눈으로 본 뭉크?
들리지 않는 비명 소리!
마음이 점차 어두워진다.
탁자 위의 사과 두 개가 문득
셋으로 보인다.
전축의 모차르트도 버거워 볼륨을 최소로 죽일 때
모차르트가 어둡다 어두워 속삭일 때
문득 전화 벨 울리고
까르르 웃음 소리,
잘못 걸려와 신선한,
마음 어두워지던 반 고흐가

해바라기 반 고흐로 바뀌는
환한 웃음 소리,
꺼진 전화기를 한참 그냥 들고 서서……
      (1997. 12. 31, 오클랜드에서)

제3부
(1998. 2~1999. 12)

범종 소리, 들어갈 수 없는

1
다시 예이츠와 엘리엇으로 돌아왔다.
반년 비웠던 연구실 창밖
그 언젠가처럼
잿빛 하늘 속에 박혀 있는 젖은 캐나다 단풍 가지들.
그 뒤 느티나무에
위쪽이 볼록 더 큰 표주박형(形) 이층 까치집,
아래 위, 어느 쪽이 형이상학이지?
허나 지금은 둘 다 빈집,
아무 일도 없는 형상.
엘리엇에게 과연 영원이 무엇이었을까?
예이츠는 정말 영원히 반복되는 부활을 꿈꾸었을까?
살아 있는 것들에게 혹시 영원은 낭비가 아닐까?
전화.
뭐 친구 아들이 죽었어!
그것도 목매어?
오후 내내 창에 비가 치다 말다
저녁 퇴근 길, 진 길 걸어 후문을 나선다.
우산 고쳐 쓰며 일부러 마을버스를 앞세워 보내고
개나리들이 꽃봉오리 만들다 손 논 데서 뒤돌아보니

관악산이 온통 어둡고
그 속에서 IMF 이후 자주 눈에 띄는
조그만 차 하나가 기어나온다.
가는 빗줄기 속 그의 등에 박혀 있는
두 개의 빨간 등.

2

어젯밤 꿈속에서 책장에 돈 몰래 감추다
아들에게 들켰어.
아들 눈 피해 먼산 바라보는 나에게
바람 소리인 듯 구름 소리인 듯 울림으로 들려온 소리
까맣게 잊었던 범종 소리,
잊어라, 잊어, 띠잉!
꿈 깨고 난 아침 신문마다 넘치는 실직자들
아이를 고아원에 맡기고 문을 나서는 아버지의 얼굴
(사람이 지워진 얼굴)
신문 덮거나 텔레비 끄면 되레 눈이 더 피로해
주차장 벽에 차 범퍼 비벼댔어.
저녁엔 눈 그친 국립 묘지 뒷산으로 산책 나가
언덕을 오르는 순간 들리는 종 소리.

잊어라, 잊어, 띠잉!
그렇다면 차라리 귀를 들고 가
절에 맡겨놓고 들을까 부다.
가만, 어느 절 종 소리가 그중 청명했지,
내소사, 선암사, 해인사, 아 상원사!
눈 어둡게 친 언덕에서 한참 나를 잊은 채……
이게 혹시 영원?

3
내 팔이 나를 안고 간다
범종이 울고 있는 곳으로.
밤 1시, 나를 안고
다들 잠든 아파트 문을 열고 엘리베이터 타고 내려와
승용차에 싣고
시동 걸고 라이트 켜고
주차한 차들 사이를 비집고
아파트를 빠져나온다.
사당 네거리에서 잠시 머뭇대고.
자, 범종이 울고 있는 곳으로.

4

한밤중 어둠 속을 헤집는 전조등 불빛.
세상 처음에
소리가 빛보다 먼저 있었지, 아마.
'빛이 있어라 하심에……'
그 '말씀,' 가슴을 헤집는 저 소리, 범종 소리,
지구의 가슴에 번져 혹시 지금 우리 사는 세상이 된.
머리를 한번 흔든다.
빛보다 먼저 있은 것이 '말씀'이었는지 전조등이었는지,
 오랜만에 떠나는 여행 왜 이리 홀가분하지 않지?
 여주 인터체인지 입구에서 옆으로 마구 끼여드는 외눈박이 차를
 일순 채려다 앞세워 보내고
 천천히 뒤를 따른다.

5

두 팔로 안을 수는 없었으나
범종들은 키가 대개 나만했지.
얼마 전까지 잘살던 상원사 종은 금이 가 보존각으로

가고
　새로 본떠 만든 종,
　아래 띠 위 띠 여기저기 혼자 혹은 몇 사람씩 열심히 악기들을 연주하고 있고,
　종신(鐘身) 한가운데 서로 반대편에
　구름 위에 무릎 세우고
　공후와 생(笙) 황홀한 악기를 타는 한 쌍의 비천상(飛天像)!
　설계한 이 누군지는 모르지만
　범종은 치는 종이 아니라 켜는 종으로 만들었지, 아마,
　양각(陽刻)한 바람과 구름을 풀어뜨리며
　날렵하게 '하늘'을 켜는.
　헌데 지금 내 귀에는 종 소리가 왜 이리 굼뜨지.

6
둔내 조금 못미처
성긴 눈발이 날리기 시작한다.
전조등 앞이 황홀해진다.
　가드레일도 황홀해지고

마음 삭이기 위해 틀어논
브람스의 클라리넷 소나타도 황홀해진다.
눈발 속에 문득
상원사 범종의 비천상이 비친다.
앞에서 너울대며 공중에 뜨며
한번 나를 넌지시 건너보다가,
춤에 지쳤나, 춤에 취한 얼굴을 하고,
가드레일 넘어 번져 흐른다.
갑자기 눈시울이 뜨거워져
(아무도 보지 않는다고 해서, 이 나이에!)
위험 신호등 켜고, 갓길에 차 세우고 손수건을 꺼내,
울어본 적이 언제지?
왼손으로 명치끝을 누르며
풍성한 눈물을 닦는다.
이 눈물을 켜는 악기는 무엇일까?
어둠 속에 달려오는 건넛길의 전조등들이
비천상을 지운다.
눈이 멎었구나.

7

산장 앞에 차를 세우고 천천히 오른다.
어둠 속에 눈꽃 피운 나무들 위로
숨어 있던 하늘이 하현달과 함께
잔가지들을 레이스 삼아 모습을 나타낸다.
하늘의 찬란한 한 모습!
달빛, 눈꽃, 그리고 고운 눈가루,
머리 위가 온통 찬란하다.
하늘이 저리 예쁘다면
죽어 하늘나라 시민이 못 되더라도
그곳으로 한번 여행은 하고 싶다.
이렇게 계속 오르면 며칠 후면 그곳에 닿을 수 있을까?
이처럼 가파르고 미끄러운 길은
길의 처음인가 중간인가 끄트머리인가?
하늘나라에서 비자 없는 여행객을 받아줄까?
지척에서 갑자기
띠잉!

8

한번 띠잉에
온몸이 콤마(comma)처럼 휘청거려
더 오르지 못하고 그 자리에 선다.
바람이 얼굴에 마른 눈가루를 뿌리고
또 띠잉,
사방에 눈가루 가득 날며
종 소리의 명도(明度)로 밝아지다가
허공에 떠서 종 소리의 형상을 이뤄.
또 한번 띠잉.
그 형상 속으로 들어가려 해본다.
무언가 가로막는다.
발을 옮기려 해도
무언가 발을 옥죈다.
발목 어디 있지?
가만, 발자국뿐이잖아?
띠잉!
아 고통은 고통의 아버지.
마음 지워진 사람 하나 지옥에도 못 들어갈 얼굴을 하고 혼자 길 위에서 더듬고 있다.
내가 나에게 길을 비킨다.

1998년 5월의 문답

간밤에 승용차 오디오 뜯긴 것은?
IMF 후 욕망 줄여주기.
지금 이 옛 지도에 섬들의 크기가 멋대로인데
이유는?
가본 섬은 크고
안 가본 섬은 작다.
지도 속 개울의 넓이는?
헤엄쳐본 개울은 넓고
안 쳐본 개울은 좁다.
겪은 슬픔과 안 겪은 슬픔의 차이는?
다 알고 있어 표정의 아들 형제를 아버지가 고아원에 맡긴다.
돌아서는 순간
사람 속을 걸어
사람 밖으로 나간다.

원두 커피 든 가방

가방에 원두 커피 봉지 넣으니
'킬리만자로'에 온 듯
책들이 그만 황홀해진다.
그대의 편지 하나 이메일에서 꺼내
가방 속에 넣는다.

가방을 조수석에 던지려다
꽃 핀 화분처럼 벨트 조여 세워놓고
빨리 가고 싶어하는 옆 차를 선선히 앞세워 보내며
심호흡하며
봉천동 고개 상공을 헤집다가
이게 몇십 년 만이지 서울 하늘에서
낮달을 찾아낸다.
자작나무색
아 나무색(南無色) 달.

어려운 것들 1

극작가 루이지 피란델로는
진실은 전할 수 없다고
설사 손에 들고 있어도
전할 수 없다고 했지만,
그의 인물들 무대를 오르내리며
진실 서로 넘겨주려
피 흘리지만,
둘러봐,
신문에도 텔레비에도
진실이 어디 있지?

지구에서 살며 그래도 지울 수 없는 저 수평선
한번 마음속으로라도 띠처럼 두르고 싶어
하루 종일 차를 달려 해남 갈두리 땅끝까지 가도
간 만큼 물러서는, 간 만큼 물러서는
수평선 같은 것.

반 고흐가 귀 자르고
베토벤이 들리지 않는 귀 열어놓고
듣다 홀린

저 사람의 숨죽인 고통과 법열(法悅)의 소리,
땅끝 전망대의 환한 잡목숲을
이리 흩뿌리고 저리 흩뿌리는 봄 저녁 빗소리.

어려운 것들 2

1998년 5월 25일 아침
이게 몇십 년 만?
긴 실비 막 개인 서울 공기 그대로 유리.

사람들이 유리 안에 들어 있다.
지나가는 참새들 눈에도
유리 분자(分子) 투명하다.
유리 하늘 유리 공기
투명에 취해 어지럽다.
휘청,
저런!
아파트 단풍나무가 거무칙칙한 팔을 내밀어
손을 붙들어준다.
아 생물,
생물의 팔을 제대로 잡아본 게 언제지?
이전엔 손에 정맥만 보이더니.

땅 춤

사 년 만에 나온 김포 들녘
여름 시작이라 봄 꽃 지워지고
낯익은 건물, 동산도 지워지고
큰 건물들만 여기저기 시큰둥 서 있다.

새 건물에 가려 정자(亭子) 들키지 않고
입구 따로 내어
제집처럼 드나들던 농장 못 찾고 헤맨다.
돌 산 하나가 내장 다 쏟아놓은 채
어깨만 살아 숨쉬고 있다.

목이 부러진 마디풀 옆에
혹시 못 먹을 것을?
땅 위에 그림자처럼 퍼덕이는
때까치, 푸득푸득, 그러나 소리없이
바로 옆에 새로 퍼덕이기 시작하는
또 하나의 그림자. 그래, 같이 춤을,
눈도 귀도 가슴도 비벼진,
새처럼 눈물 뵈지 않는 춤을!

옛 지도

옛 지도를 넘기다 보면
그냥 들[野]이라 적힌 곳
하 전엔 그런 곳들이.
무작정 들어간다.
가슴에 차는 풀 위로
나비들이 갓 풀먹인 날개를 달고 날고 있다.
잠자리 줄지어 뜨는
숨은 못이 있어
물 속에 사타구니 담근 채
부들이 모여 수군대고
마름이 가득 떠 있다.
마름을 헤치며 개구리 하나 헤엄치고
바싹 물뱀이 따른다.
눈뜨면
그냥 들 야(野),
개구리가 먹혔는가, 안 먹혔는가?
눈 다시 감으면
개구리가 풀섶에 뛰어오른다.
뱀은?
크고 작은 삶들이 모두 촉촉하다.

되돌아보라.
증발시킬 시간마저 없는 인간들, 우리의 지금 삶!
잠시 되돌아보라.

안개의 유혹

1

쉿! 신문과 텔레비 속에서 우아하게 웃는 사람들
저 예쁜 여자 가지런한 이빨 저 뒤에
입 산뜻 벌리고 웃게 하는 저 숨겨진 손,
그 손에서 눈 돌리면
지하철 서울역의 꾸역꾸역 노숙자들.
사람 사는 일이
텔레비 화면 가득 바다를 향해 황망히 기어가는
바닷새 뭍새에게 계속 쪼여, 먹히며 기어가는
거북 새끼들의 행진.
그들을 바다로 줄기차게 기게 하는 힘은 무엇일까?
출렁이는 물결 소리?
그럼 바람잔 날은?
아니, 바다에서 떠오는 저 은은한 빛.
인간들을 한곳으로 끄는 건?
등 돌려도 훤한 저 돈의 푸른빛?
어디 다른 빛은?
두 손등에 검버섯 황망히 필 때
바야흐로 때는 방학, 싱싱한 젊은이들을 찾아
대학로 기웃거리고 덕수궁 안을 걸어보아도

새들에게 계속 먹히며 기어가는
저 거북 새끼들.
검버섯 핀 손에 쥐어진 은행 통장
겉장에 건강한 아이 안고 웃는 젊은 여자.
바나나 양손에 쥔 침팬지처럼 안심해하며
기타 치고 노래하며 춤추는 젊은이들 옆에 가도
석조전 분수대 앞 속삭이는 연인들 곁에 속삭이듯 가 앉아도
저 앞에 은은히 떠 있는 휜한 빛,
목젖에 문득 치미는 구토,
서울이 지옥이 아니고
바로 내가 지옥이었다.
이 '나'를 잠시 어디 부려둘 수는 없을까,
샛바람 부는 어느 조그만 절,
가랑비 흩뿌리는 어느 산비탈?
아 네 발과 뱃가죽이 계속 땅바닥에 끌리는 이 황당함.

이튿날 새벽
전날부터 쏟아지는 빗줄기 뚫고 무작정 나선다.
영동 스칠 때쯤 장대비 내리꽂혀

시야 5미터
앞차의 미등만 희부연히 보이는
사방 캄캄 조심조심 기어가는 차 바싹 뒤에서
길 비키라고 하이 빔을 끔뻑이는 차.
아 지옥이 또 하나 있었구나.

2
의식이 달아오르면
반(反)의식이 된다.
지옥이 지옥을 만나면
오기(傲氣).
끔뻑이는 빔 속에서 일부러 속도 더 줄이고 추풍령을 넘자
갑자기 하늘이 환해지고
바퀴 하나쯤 펑크나기를 몹시 바란 뒤차가
의식 속에서 사라졌다.
추풍령 휴게소에서
풍선 든 사내아이가 나를 쳐다보며
천천히 얼굴을 찌푸린다.
내 얼굴이 지옥을……

3
대구와 부산에서 친구들을 만나
술 마시고 떠들고 노래불러도
답답.
파계사와 송림사는 그새 살쪄 있었고
부산 길은 여전히 차가 막혔다.
해운대 바다는 해수욕장 열기도 전
인간 냄새 땀 냄새
화장실 거울을 보면 왼쪽 눈 실핏줄 터지고
거듭 목젖에 치미는 구토.
이게 아닌데, 이게 아닌데,
동남향 모텔 창엔
늑골(肋骨)도 없이 떠도는 구름 하나.

4
남해대교를 건너
섬 끝 상주 해수욕장에 다다른다.
이제 더 갈 끝이 없다.
개장하기 직전 모래밭을
트랙터가 뒤집고 있다.

더러운 것들은 감춰지겠지,
묻어야 할 추억도.
허나 작년 모래 속에 쓰레기 심은 인간들의 마음은
새로 지상에 떠오르리라.
아 여기도 훤한 빛,
모래사장 너머 배들을 온통 물에 빠뜨린
저 은은한.

5
해발 0미터부터 짙어가는 안개를 무릅쓰고
길 모서리에도 채 닿지 않는 전조등 안개등 모두 켜고
벼랑 아래로 아차 몸을 띄울지 모를 회전 도로를 돌며
왜 나는 남해 금산에 오르는가?
두 손등에 황망히 피는 검버섯?
사흘 동안 차를 몰고 온 오기?
수십 년 간 걸치고 다닌 땀 절은 마음
아무도 안 보이는 데서 벗어버리려?
혹시 텔레비 화면 뒤에 감춰진 손, 그 이빨 가지런한 웃음이
　감쪽같이 사라지는 블랙 홀이 있다면!

운명적인 터널 속으로 천천히 돌진하는 기차처럼
있는 불빛을 다 쏟아부어도 희미한 급커브를 아슬아슬 돈다.
시야 5미터 미만의 길
내려오던 차가 급정거.
경사 30도를 헤집고 올라가
주차장 안개 속에 차를 세운다.
주위에서 유령들이 움직인다, 무령(無靈)의 동작.

6
지난 몇 달 동안 시 한 줄 쓰지 못했다.
봄이 가며 야생화 차례로 시드는 것을 보며
학교에 나가 잘 풀리지 않는 논문 지도를 하고
바다거북 새끼가 자신도 모르는 바다를 향해 황망히 기어가듯
살았다.
기다가 벌렁 뒤집히기도,
서울역에 뒤집혀 있는 저 노숙자들!

전에 몇 번 들른 보리암은 우유 안개에 덮여

환상의 궁전
밤새 하나가 감각적으로 운다.
시간 잘못 안 새가 그 소리에 화답한다.
머리가 나뭇가지에 걸린다.
바로 앞 관목 가지에서 박새인가 곤줄박이인가
새 하나를 만난다.
새가 늑골을 반쯤 들었다 놓는다.

7

안개 속에 안개가 불려가고
그 자리에 안개가 다시 몰리고
잠시 앞 바위가 막 얼굴이 되려다 만다.
여기가 길인지, 바위인지, 벼랑인지, 하늘인지,
혹시 지구인지.
발이 닿는 표면을 조심히 걷고 있는 나는
과연 무엇의 감(感)인가?
귀 먹먹한 안개 속에 온몸이 녹고 싶다.
녹는다. 녹아라,
한 발이 허공을 헛딛다 말고
야구 포수처럼 두 발 모아 곤추앉아

안개 속에 감쪽같이 토한다.
다른 발을 슬쩍 내밀어본다.
허공,
목젖이 조금 편안해진다.

8
훤한 빛에 홀리는 몸뚱어리를 돌려
안개의 유혹 속을 걸어보라
두 발 동시에 허공 맛보기 직전의 간절한 느낌 속을.
다 녹더라도 녹지 않는 것이 자아(自我)라면
흙에 녹는 점토 인형으로 안개 속에 녹아보라.
그대 홀연히 그대를 버리고 서는 곳,
허공, 그 감각,
전율, 욕설, 토악질 속에서
세상의 온갖 산 것들 훤히 당기는 저 훤한 빛 참지 못하고
기어가다 말고 몸 낮추어 감쪽같이 토하고
하나같이 일어나
뒤로, 옆으로, 위로, 혹은 사방으로 튈 수 있도록.
아 돈이 안개 속에서 감쪽같이 구토하는 시간을!

적(敵)이 없는 혁명?

가까이 전짓불 하나가 켜진다.
생각보다 가까이 사람 하나가,
"거는 데기 미끄럽습니더. 일로 오시소."
"고맙소."
아 사람!
다시 안개 속에 사라지는 전짓불,
허나 앞에 무언가 있다.
닿진 않지만 손을 내밀어본다.
천천히 누구에겐가 전화 넣고 싶다.
──지금 남해 금산은 온통 환한 저녁놀,
거북이 한 마리 바다에 닿았어.
그새 열심히 안 산 사람 어딨어?

황국(黃菊) 몇 송이

소설(小雪) 날
엉거주춤 붙어 있는 나라 꼬리 장기곶
수리(修理)중 문닫은 등대 박물관 옆 절벽 위에서
바람도 제대로 불지 않고
이리 불다 저리 불다
오징어 굽는 아줌마들의 눈만 쓰리게 하는
쓸쓸한 잿빛 바다를 한없이 만나보고
돌아오다 무심히 기림사에 들려
고요한 홍분 서린 황금빛 보살상을 만나보고
차 한 대 마주 오지 않는 가파른 성황재를 마냥 오르다
잿빛 찬바람 속에 고개 들고 빛나는 황국 몇 송이,
눈 저리게 하는,
아 살아 있는 보살상들!
얼은 눈물 조각은 아니겠지,
꽃잎에 묻어 있던
조그만 발광체들.

겨울 간월도에서

영하 11도
하늘도 땅도 시퍼렇다.
저런, 저 철새들,
한 줄 길게 두 줄 짧게,
그 뒤론
한쪽 길고 다른 한쪽 짧은 쐐기 모양 흐트리지 않고
허공을 건넌다.
죽음같이 텅 빈 겨울 하늘에 황홀한 좌표 그리는 저 선(線)들!
인간의 행로보다도 정연한 저들의 행로가
인간을 하늘에 줄 서게 만든다.
저 중에는 과부 홀아비 고아도
왕따당한 자도
노숙자도……
선들이 휘돌며 성긴 눈발로 내려와
목을 감는다.
내 성대(聲帶)가 기러기 소리를 낸다.

인간의 꿈

흰 무리 두른 낯익은 달 하나 가운데 띄워놓고
겨울 철새들이 떠나는 하늘,
피난 행렬 차례로 뜨듯이
한 무리 떠나고 또 한 무리 떠난다.
쓰고 고치고, 문지르고 다시 쓰다
큰맘 먹고 몽땅 지워버린 컴퓨터 화면처럼
훤히 조용해진 하늘.
골고다 언덕과 열반경(涅槃經)이 떠나버린
아 떠남의 황홀!

어디엔가 남아 있을
한 기러기 소리.

봄비

폭우로 목숨 열 몇 떠내려간 지리산 골짜기
바로 그날 저녁 그 자리에 텐트 치는 사람들도 보고
갠지스 강에 목욕하는 사람들 사이로 떠도는
타다 만 시체의 새로 부력(浮力) 얻은 몸통도 만나보았으니

이제는 봄비 소근소근 내려와 살짝 맨살 대는
땅 어디 한구석
지난해의 반쯤 마른 풀잎처럼
다시 한번 물오를까 말까 망설이는 풀잎처럼
봄비 소근소근 내려와
살짝 맨살 대는 것만도 흥겨운 소싯적
다시 한번 물오를까 말까 망설이는 풀잎처럼.

속됨이여, 나의 삶이여
──이상옥 선생에게

국화 향기 싸아 맡는다.
거마(車馬) 틈새 벗어나
사람 냄새 속으로 되돌아온 도연명
그가 집 동쪽 울타리에서 국화주 담을 꽃 따며 느긋이 본
중양절(重陽節) 봉긋한 남산 떠오르지 않고,
침침하고 화끈한 비닐 하우스 속
정확한 간격으로
뺏뺏한 철사대에 하나씩 허리 묶여
하나같이 고개 쳐들고 있는 국화들이 떠올라,
속됨이여, 나의 삶이여!

그 중 하나의 얼굴에 낯익게 눈 내리깐 모습 비쳐
눈 들이대니
가만, 저 합장(合掌),
삶에 매이든, 철사에 매이든,
두 손 모은 마음에 매이든,
저 합장!

저 못 말릴 고요……

어느 초가을 날

오랜만에
죽은 친구 고향 진도 찾아가는 길
해와 하늘빛이 너무 쨍쨍해
집과 길만 남고
모두 진한 하늘로 오른 날
김유신을 태운 말처럼
나 몰래 차가 슬쩍 들린 밥집
(그와 함께 온 적 있었지,
그때도 참 기차게 환했던 가을날.)

어느샌가
마당 한가운데 활짝 핀 과꽃들 향해
오른손 엄지와 검지가 동그라미 그리며
공중에 멎어 있다.
무리 지어 웃는 환한 꽃들 위로
고추잠자리 한 쌍 붙어 한참 돌고 있을 때
두 몸 떨어지기 전
한바퀴만 더 돌라 한바퀴만 더, 침으로 입술 적시며
술잔을 높이 들 때,
세상 일 다 이렇다, 그들은 깜빡 헤어져 제 갈 데로 가고,

갑자기 쟁그랑!

잠시 숨 멈추고
가만히 배꼽 밑에 힘을 준다.

외옹치

토요일 오후 속초 대포항
사람 헤치며 헤어나기 힘든 횟집촌 끝
집어등 모두 꺼뜨린 어선들이 밧줄에 매여
서로 엉덩이를 슬쩍슬쩍 밀치고 있는 방파제,
횟집들이 하나씩 방파제 밖으로 걸어논
수많은 호스들을 밟지 않고 조심히 건너
언덕 뒤로 돌아가보면
물굽이 건너 신기루처럼
결가부좌하고 앉아 있는 발음 힘든 외옹치,
외옹치, 갈매기들이 작은 배들에 가득 실려 있는 곳,
차들 시큰둥 줄 서 있는 앞길을 버리고
해질 무렵 뒷길로 한번 숨어들리.
방파제도 없이 선적(船籍) 없는 작은 배들만 성글게 살고 있는
외옹치,
물결만 뵈고 외옹치가 뵈지 않는 외옹치,
가슴에 숨기고 다닌 목마름과 광기(狂氣)의 삶 하나
방생(放生)하리, 외옹치.

몸 비운 배
──앞서간 갈천문에게

내 서해안을 방황할 때
네 죽음이 떠올랐다, 신문 활자 위로 활처럼 휘어.
아무리 해도 네 모습 떠오르지 않아
낮술 취한 김에 낮달을 향해
시위 떠난 화살처럼 저 취안(醉顔)의 낮달을 향해
잡목 어지러이 자란 숲을 헤치고
물푸레 줄기에 뺨도 얻어맞고,
앞으로도 뒤로도 움직이는 낮달을 향해
바닷가로 나갔다.
가졌던 것 다 풀어놓고
피부의 페인트칠마저 반쯤 풀어놓고
가벼워져서
묶은 줄 풀어줘도 딴전 피는
빈 배가 있었다.
아 너의 모습.

어떤 은유

이제 무얼 더 안다 하랴.
저 맑은 어스름 속으로 막 지워지려 하는
무릎이 안개에 걸려 채 사라지지 않고 있는
저 조그만 간이역(簡易驛),
안개 밖으로 잘못 얼굴 내민 코스모스 몇 송이
들켜서 공중에 떠 있다.
한 줄기 철길이 숨죽이고 있다.
아 이 찰나 이 윤곽, 어떤 추억도 끼여들 수 없는,
새 한 마리 그림자처럼 느릿느릿 지나간다.
윤곽 모서리가 순간 예민해지고
눈 한번 감았다 뜨자
아 가벼운 지워짐!
이 가벼움을 나는 어떤 은유,
내 삶보다 더 X레이 선명한,
삶의 그릇 맑게 부신, 신선한 물음으로
받아들인다.

혼(魂)을 쫓다

몇 봄째 홀가분한 매화 여행 꿈꾸었으나
매화 때면 늘 일터를 맴돌게 돼
이제는 꿈의 봄도 몇 남지 않았네.
토요일 오후, 연구실 창밑이 환해 내려다보니
정원 청매(靑梅)꽃 막 지고 있어
아 새봄이 막 가고 있어
내려가 천천히 걸으며 몸으로 꽃잎을 받았네.
요리저리 피해 땅에 떨어지는 놈이 더 많아
하나라도 더 받으려 몸을 자꾸 기우뚱거렸네.
이러다 내가 죽은 후
혼이 연구실 주변이나 맴돌지 않을까,
동료들 다 나가고 휑한 봄날 토요일 오후에?
두 손 설레설레 흔들어
혼을 쫓는 시늉을 했네.

봄 바다

지난밤 안면도가 바다에 녹는 꿈을 꾸고
꿈꾸듯 녹아 사라지는 것을 보고
방포 모감주나무들 생각에 잠겨 서 있던 자리에
혹시 누른 돛배 하나쯤 머뭇거릴지 몰라
가던 길 꺾어들어 다리를 건너니
훤칠한 소나무들 봄 때깔 완연하고
햇빛 따스하게 밑칠한 바다에선
칸딘스키가 그리려다 채 못 그린
그리고 그리다 못 그리고 간
저 홀연(忽然)한 춤,
지구 거죽에 너울대고 있다
지구의 춤사위!

그 춤 속에 훌쩍 뛰어든다면?
아 홀연의 한 매듭.

희한하다 아파트 속에서

등허리에 검은 줄 친 황동색(黃銅色) 잉잉대는 벌들이
아파트 출입구 앵두꽃에 파고든다.
봄이 지나가다 발을 멈춘다.
앵두꽃이 꿀에 취한 몇 마리를 내뱉는다.
한 놈이 내 손에 달라붙고,
팔을 내저을까, 후 불까,
하여간 황동색 꼬리여 성질만 부리지 말아다오.
심장 속도를 늦춰 엘리베이터로 간다.
둘만 남고,
희한하다
엘리베이터가 높은 곳으로
그래, 높은 곳으로
우리를 데리고 오른다.
아 이 간결한 연(緣)!

무명(無明) 속에서

말 한마디 잘못 내보내고
마음의 옥(獄)에 갇힌 날,
왜 자리에 없는 자의 흠을!
내린 블라인드 더 내리고 싶은 날.

마침 이상옥 선생이 서산 가서 찍어온 마애불의 얼굴
돌 연(蓮)잎 황금 쟁반처럼 두르고 책상 모서리에 비스듬히 떠서
방의 어스름 속에
애기 얼굴로 마냥 웃는.

탁자 위에 펼쳐진 미켈란젤로 화집
측면으로 빛을 받고 있는 바티칸 피에타,
서른세 살 죽은 예수를 고요히 무릎에 올려놓은 어머니 마리아
아 이십대초 처녀.

방금 FM에선
귀 내숭스러워진 만년 베토벤이
하머클라비어 소나타 속에 들어가

이십대 청년으로 피아노를 치고.

옥 속에 갇힌 인간이면
꿈이 작고 간절하리.
웃는 부처와 슬픔을 젊음으로 환원시킨 마리아
광기(狂氣)를 건반으로 벼루는 베토벤
그들의 자취가 느껴지는 자리에서 있기만 해도
잘 태어났다 싶은
어둠을 긁어도 문득 빛이 되는
그런 삶도 좋지만,
그저 아이들이 깔깔대는 환한 소리와
흔하게 예쁜 장미, 꽃가루 너무 묻히고 쩔쩔매는 꿀벌들에
한눈팔다 가려는
진한 폐 수술 받고도 유머를 잃지 않는
옆옆 방 김선생의 얼굴을 더 자세히 보지 않고 가려는
무명(無明) 속의 삶도!

수련(睡蓮)

예수는 갈릴리 호수 위를 맨발로 걸었다지만
갈릴리 물이 건너편까지 카펫을 깔았다지만
(그는 발 밑을 내려다보았을까)
그날 물의 알갱이들은 촘촘히 모여
생전 못 해본 일을 했을 것이다.

이적(異蹟) 앞의 놀람 또한
살아 있는 것의 속뜻이 아니겠는가.

방금 물 위에 펼쳐논 카펫 위에 결가부좌하고 앉아
황홀히 속을 여는 꽃 한 송이.

기억이 지워지면

새벽에 깨어 헤아려보면
뇌의 한 자리가 또 비어 있다.
썰물 빠진 뻘같이
태풍 놀다 간 논같이.
물 빠진 개펄을 씻어내는 저 새벽빛.

기억 지워진 자리에
물감을 뿌리리,
잭슨 폴록이 거나하게 취해 걸으며
듬뿍 적신 솔로 신나게 뿌린
우연의 물감을.
솔에서 떠나면서도 인연 채 끊지 못해
긴 줄 멈칫멈칫 그리는 지옥도 만들고,
점 하나 잘못 떨어져
일순 황홀한 천국도 되는,
무지개 채 지워지지 않은
눈물 방울
싱그럽게.

소유언시(小遺言詩)

열반에 머문다는 것은 열반에 속박되는 것이다.
——원효

1
살기 점점 더 덤덤해지면,
부음(訃音)이 겹으로 몰려올 때
잠들 때쯤 죽은 자들의 삶이 떠오르고
그들이 좀 무례하게 앞서갔구나 싶어지면,
관광객도 나대지 않는 서산 가로림 만(灣)쯤에 가서
썰물 때 곰섬〔熊島〕에 건너가
살가운 비린내
평상 위에 생선들이 누워 쉬고 있는 집들을 지나
섬 끝에 신발 벗어놓고
갯벌에 들어
무릎까지 뻘이 차와도
아무도 눈 주지 않는 섬 한구석에 잊힌 듯 꽂혀 있다가
물때 놓치고 세상에 나오지 못하듯이.

2
그냥 가기 뭣하면

중간에 안국사지(安國寺址)쯤에 들러
크고 못생긴 보물 고려 불상과 탑을 건성 보고
화사하게 핀 나무백일홍들
그 뒤에 편안히 누워 있는 거대한 자연석(自然石) 남근을 만나
생전 알고 싶던 얘기나 하나 묻고
대답은 못 듣고.

3
길 잃고 휘 둘러가는 길 즐기기.
때로 새 길 들어가 길 잃고 헤매기.
어쩌다 500년 넘은 느티도 만나고
개심사의 키 너무 커 일부러 허리 구부린 기둥들도 만나리.
처음 만나 서로 어색한 새들도 있으리.
혹시 못 만나면 어떤가.
우리는 너무 많은 인간,
나무, 집과 새들을 만났다.
이제 그들 없이 헤맬 곳을 찾아서.

4
아 언덕이 하나 없어졌다.
십 년 전 이곳을 헤매고 다닐 때
길 양편에 서서 다정히 얘기 주고받던 언덕
서로 반쯤 깨진 바위 얼굴을 돌리기도 했지.
없어진 쪽이 상대에게 고개를 약간 더 기울였던가.
그 자리엔 크레인 한 대가 고개를 휘젓고 있다.
문명은 어딘가 뻔뻔스러운 데가 있다.
남은 언덕이 자기끼리의 대화를 기억하고 있을까,
지난날의 갖은 얘기 이젠 단색(單色) 모놀로그?

5
한뼘 채 못 되는 시간이 남아 있다면
대호 방조제까지만이라도 갔다 오자.
언젠가 직선으로 변한 바다에
배들이 어리둥절하여
공연히 옆을 보며 몸짓 사리는 것을 보고 오자.
나이 늘며 삶이 점점 직선으로 바뀐다.
지난 일들이 빤히 건너다보이고.

6
곰섬 건너기 직전
물이 차차 무거워지며 다른 칸들로 쫓겨다니다
드디어 소금이 되는 염전이 있다.
산다는 것은 스스로든 억지로든
칸 옮겨다님,
누군가 되돌아가지 못하게 제때마다 물꼬를 막는다.
자세히 보면
시간에도 칸들이 쳐 있다.
마지막 칸이 허옇다.

7
물떼샌가 도요샌가
긴 발로,
뻘에 무릎까지 빠진 인간은
생물로 치지 않는다는 듯이
팔 길이 갓 벗어난 곳에서 갯벌을 뒤지고 있다.
바지락 하나가 잡혀 나온다.
다 저녁때
바지락들만

살다 들키는 곳.

8

어둠이 온다.
달이 떠오르지 않아도
물 소리가 바다가 된다.
밤새가 울 만큼 울다 만다.
왜 인간은 살 만큼 살다 말려 않는가?
생선들 누웠던 평상 위
흥건한 소리마당 같은 비릿함,
그 냄새가 바로 우리가 처음 삶에,
삶에 저도 모르게 빠져든 자리!
그 냄새 속에 온몸 삭듯 젖어
육십 년 익힌 삶의 뽄새들을 모두 잊어버린다.
이 멈출 길 없는 떠남, 또 새 설렘!
내 안에서 좀체 말 이루려 않는
한 노엽고, 슬거운 사람을 지나친다.
곰처럼 주먹으로 가슴 두들기고
밤새처럼,
울고 싶다.

해설

마른 우물, 에로스, 설렘

이문재

> 열반에 머문다는 것은 열반에 속박되는 것이다.
> ——원효

황동규의 시에서는 건초 냄새가 풍긴다. 그러나 저 바싹 말라 있는 언어들은 정지해 있지 않다. 저 마른 이미지들은 일상적 공간에 놓여 있는 자잘한 소품들의 손을 잡고, 생/'나'의 안팎에서 무겁도록 가볍고, 또 아득할 정도로 깊어서, 생의 갈구와 그 못미침을 눈부신 속도로 그려낸다. '마른 우물'에서 길어올려진 저 건조함들은 그러나, 촉촉한 습기와 환하고 은은한 빛을 바라 마지않는 것이어서 죽음의 국면을 넘어서고 있다.

바싹 말라 있음은 나이듦과 '홀로움'으로부터 촉발되고 있다. 리비도가 삶을 추진하는 본능적 에너지라면, 그 리비도는 흥건하게 젖어 있어야 마땅하다. 황동규의 이번 시집은 리비도의 건조한 바깥에서 다시 촉촉한 리비도의 안쪽으로 회귀하는 원환 안에 있다. 마른 우물에서, 그러니까 고장난 몸에서 시작한 그의 여정은, 뻔뻔스런 문명을 가로질러, 습지의 고향과 해후한 다음, 바닷가에서 태초의 신화와 마주한다. 그 소생과 부활의 여정의 주인공이 에로스이다.

이번 시집에는 몇 개의 키 워드가 내장되어 있다. 에로스 · 자동차 · 홀로움 · 극서정시(시공간의 병치)와 같은 키 워드들이 강력한 자장으로 언어들을 끌어안고 있다. 에로스적 이미지라는 자석을 들이대면, '마른 우물'은 역설임이 곧 드러난다. 자동차라는 렌즈를 통해서 보면, 그의 시들은 기계 문명을 놀라운 방식으로 수용하고 있다는 사실을 확인할 수 있다. 그의 시의 새로운 형식이자 내용인(형식은 내용을 부르고, 내용은 형식을 부른다) 극서정시를 염두에 두면, 그의 시쓰기 전략을 어렴풋하게나마 읽어낼 수 있다.

거개의 시집이 그렇듯이 시집에 실린 첫번째 시는 서시일 때가 많다. 음악에 견주자면, 제1테마가 등장한다.「퇴원 날 저녁」으로 들어가 보자. 거기에는 에로스와 자동차가 있으며, 시적 자아의 화학적 변화가 일어나고 있다. 그렇다면 제1테마가 아니라 제3테마까지 다 들어 있는 것이다. 시의 화자는 아파트 베란다에서 "흑반(黑斑) 잔뜩 끼어 죽어가는 난 잎 어루만지며" 밖을 내려다본다. 난은 생명이지만, 야생/자생하지 못하고 인간의 보살핌에 의해 생명을 부지하는 인공의 생명이다. 첫 행이 환기하는 생명의 위기는 제목 '퇴원 날 저녁'의 심리적 상태를 구체화하는 한편, 난이 곧 시적 자아임을 일러준다. 날은 이내 추워지고 주차장에 세워놓은 자동차가 눈에 들어온다. 그런데 그 자동차는 미등이 켜진 채 멈춰 있다. "오른쪽 등 껍질이 깨졌는지/두 등 색이 다르다." 시집 뒷표지 글에도 밝혀져 있거니와, 이 시는 시인이 1997년에 오른쪽 귀에 메스를 댄 (진주종 수술) 직후의 마음의 지도이다.

    안경을 한번 벗었다 다시 낀다.
    눈발이 한번 가렸다가
    다시 빨갛고 허연 등을 켜놓는다.

  그러니까 자동차의 오른쪽 미등은 시인의 오른쪽 눈이었다. 미등의 등 껍질은 시인의 상한 망막이었으니, 다시 켜진 '빨갛고 허연' 미등은 시인의 두 눈이었다. 한쪽 눈은 빨갛지만, 한쪽 눈은 허옇다. 정상과 비정상, 생명과 죽음을 은유하는 등불이다. 허연 미등이라는 흰색의 이미지는 시집 후반부에 가서 "허연 시간의 마지막 칸"으로 변주되면서 죽음의 이미지를 강하게 드러낸다.

    난 잎을 어루만지며 주인이 나오기 전에
    배터리 닳지 말라고 속삭인다.
    다시 만날 때까지는
    온기 잃지 말라고
    다시 만날 때까지는
    눈감지 말라고

이 지점에서 난과 자동차는 동일한 '신분'을 획득한다. 유구한 시적 언어인 난과, 일상화한 지 채 20년이 되지 않은 자동차는 우리 현대시에서 서로 어울리지 않는다. 저 두 단어는 전근대와 (탈)근대의 상징이 아닌가. 그러나 황동규에 의해 자동차는 당당하게, 그리고 자연스럽게 현대시의 언어로 등재된다. 그것도 생명의 영토 안에서. 배터리에 연결되어 있는 자동차 후미등과, 인간의 보살핌에 생사 여부가 달려 있는 난초. 이 시에서 깨진 후미등과 흑반 낀 난초는 기계와 자연으로 서열화하지 않는다. 난/생명이 기계/문명 앞에서 우월하지 않다. 시인 앞에서 후미등은 "치운 세상에 간신히 켜든 불씨"이다. "이 세상에 함께 살아 있는 그 무엇의" 불씨. 퇴원한 날 저녁, 하나밖에 없는 생명의 소중함을 재확인한 시인은 인간과 생명, 인간과 기계로 이루어진 세계를 향해 속삭인다. 이때의 속삭임은 에로스의 목소리이다. 그리하여,

난이 점차 뜨거워진다.

저녁 비가 눈으로 바뀌는 차가운 세상. 눈 내리는 어둠. 안경을 벗었다 다시 끼우면서 시적 자아는 존재의 질적 변화를 예비한다. 안경으로 변주되었던 자동차 후미등은, 생명의 불씨가 사라지고 있는 캄캄한 세계를 향하여 사랑을 애원하는 에로스를 발음한다. 난이 점차 뜨거워진다. 배터리는 아직 닳지 않은 것이다. 시적 자아는 흔쾌히 질병으로부터 소생하여, 회복실 문을 열고 나가 자동차에 시동을 건다.

모두 50편의 시로 구성된 이번 시집에서 자동차가 등장하는 시가 15편. 결코 적다고 할 수 없는 빈도 수다. 황동규의 시에서 자동차는 과연 무엇인가. 그것은 여행을 떠나는 도구이면서, 여행의 과정이기도 하고, 어떤 때에는 시인의 분신/의인이기도 하다. 그의 시는 자동차를 타고 떠나고 자동차를 타고 돌아온다. 그와 시 사이에는 자동차가 있다. 그가 올라서 있는 길은, 관념적이고 추상적인 길이 아니다. 삶의 우여곡절을 은유하는 낡은 길이 아니다. 가드레일과 차선이 분명한 고속도로/국도이다. 그의 시는 길이 아니라 도로 위에서 속력을 낸다.「퇴원 날 저녁」에서 살펴보았듯이, 그에게 자동차는 낯선 기계 문명이 아니다. 외부/타자가 아니다. 자동차는 그의 신체이다. 그에게 있어 자동차는 김유신을 술집으로 인도한 그 말이다(「어느 초가을 날」).

  마른 우물에서 출발한, 아니 말라서 상처난 망막을 지닌 채 길을 떠난 에로스는 도처에서 바싹 말라 있는 것들과 마주친다.「캘커타 가는 길」. 북인도의 새벽을 달리는 기차 안에서 '나'는 홀로 거대한 대지의 일출을 목격한다. 혼자 있고 또 말라 있는 '나'는 우선 진로 팩 소주와 차(茶)로 몸과 마음을 적신다. 에로스가 되기 위한 예비 동작. 일출이라는 장엄한 탄생, 생명의 스펙터클은 말라 있음으로는 맞이할 수 없는 법. 일출은 '나'가 젖어 있기를 기다리는 것 같다. 이윽고

  하늘이 해를 힘껏 끌어올린다.

"나체의 해가 완전히 떴다." 충분히 젖어 있지 않은 에로스는 차를 한 잔 더 마시고, 달리는 기차(달린다는 점에서는 자동차와 다름없다) 안에서 "마른 강 두 줄기"를 본다. 두 강 줄기는 새벽 대지를 달리는 철로를 따라 나란히 흘러가기도 하고, 불현듯 헤어지기도 하고, 문득 멈춰 서기도 한다. 마른 강 두 줄기는, 말라 있는 에로스의 내부에 있는 '나'일 터. 마른 우물 안에서 늙음과 죽음을 편안하게 받아들이려는 '나'와, 그것을 거부하는 '나.' 마른 두 강 줄기는 시의 마지막 연에서

 기다렸다는 듯 서로 바짝 마른 몸을 껴안는다.

 몸의 접촉, 사물과의 접촉에서 생명을 되살려내는 에로스적 이미지는 끊이지 않고 반복과 확장을 거듭한다. 끌어안음과 같은 부드러움은 간혹 사지 절단(「부활」)이나 긁힘(「산당화의 추억」)과 같은 보다 자극적인 접촉으로 진화하면서 살아 있음의 황홀을 도드라지게 한다. 이번 시집에서 가장 빼어난 시편 가운데 하나인 「산당화의 추억」은 손을 주어로 삼아 화석화하고 있는 생의 감각을 복원하고 있다. 삶은 마음의 지휘만을 받지 않는다. 온전한 생은 몸과 마음의 협연이다. 아니, 우리들 생의 대부분은 몸의 시간이다. 마음이 몸을 장악하는 시간은 많지 않다. 호흡과 순환, 소화를 관장하고 있는 부교감 신경이 타인/외부로 여겨질 때가 얼마나 많은가. 그리하여 우리 삶은 부교감 신경/몸과 교감 신경/마음의 경계 위에서 애매한 것이 아닌가, 감정이 마음의 아들이라면, 감각은 마음과 몸의 사이, 언어

와 비언어에 존재하는 혼혈아가 아닐 것인가. 그렇다면 몸의 복원을 통하여 존재의 충만으로 이르는 길은 우선 저 감각의 복원이 아닐까. 에로스적인 것의 부활, 직접적이고 총체적인 것을 소생시켜야 하는 것이 아닐까(라고, 나는 자주 중얼거린다).

"생의 나중 반절을 부안반도 남쪽 입구에 숨어 산" 반계 유형원이 글쓰던 집을 찾아가는 길을 시간순으로 따라가는 「산당화의 추억」은, 첫 행에서 시의 화자의 나이를 암시한다. 생의 절반을 살아버린 연배. 세속 도시를 떠나 은둔하고 싶어하는 화자의 바람도 읽혀진다. 반계가 살던 시절 속으로 들어가는 입구는, 달리 말하면 세속으로부터, 생물학적 나이로부터 나오는 출구이기도 하다. "나를 떼어놓고 살아보자고, 느슨히 살아보자고" 다짐하던 '나'(「지상(地上)의 양식」)가 지금, 반계의 고택 입구를 들어서고 있는 것이다. 그러니, '나'의 발걸음은 가볍다. 홀로움(뒤에 언급하겠지만 '외로움을 통한 혼자 있음의 환희'를 의미하는 황동규 시인의 조어다)의 조건을 만족시킨 몸은 맑아져 있을 터.

> 알맞은 키의 조그맣고 바알간 불씨들 너무 예뻐
> 손등을 가시에 긁히며
> 하나씩 가운데 노란 꽃술까지 하나씩
> 만져본다.

꽃은 식물의 성기라고 말해지거니와, 여기서 산당화는 여성이고, 노란 꽃술을 만지는 화자의 손은 남성이다. 산당화가 너무나 아름다운 나머지 손이 나아가는데, 산당화에는 가시가 있다. 손등에 상처가 난다. 한 방울 빨간 피가 솟았을까. "바알간 불씨들"이 시간의 중심에 자리잡는다. 기억은 이 불씨들, 노란 꽃술을 만지는 젊은 에로스를 휘감고 돈다. "추억은 인간을 사람으로 만든다." 인간이 세속 도시에서 온갖 명함으로 존재하는 사회 속의 존재라면, 사람은 인간을 벗어버린 '알몸'이다. 자연인이다. 인간을 사람으로 만드는 추억이란 어떤 것일까. 그것은 꽃술을 더듬는 맑은 손, 에로스의 손이 빚어낸 추억이 아니었을까. 시는 2연에서 '사람'으로 거듭난다.

> 진초록빛 끈 하나가 움직일 때
> 마음속에 켜 있던 저 불씨들.
> 초록 독뱀에 놀라고 놀람이 곧 초록빛 호기심이 되는,
> 질겁하는 손과 만져보고 싶은 손이
> 한 손에서 일순 만나 손을 완성하는,
> 손이 점차 투명해지는
> '사람'의 설렘.

이 대목에서 '사람'을 에로스의 현현이라고 불러도 무방할 것이다. 에로스는 발치에서 꿈틀거리는 진초록 독사를 발견한다. 바알간색에서 노란색으로 이동한 시의 색감은 여기서 진초록을 얻는 것인데, 그리하여 '사람'은 이제 아담과 이브의 시절까지 복원한 최초의, 때묻기 직전의, 온전한 생명으로 돌아가고 있다. 초록 독뱀(사탄?)을 보고 질겁하며, 숨가쁘게. 화들짝 놀라는 손이 있고, 그럼에도

불구하고 기어이 만져보고 싶어하는 손이 있다. 여기에서 손은 자아이다. 두 개의 자아가 길항한다. 자아는 결코 하나가 아니다. 그럴 수도 없고, 그러할 까닭도 없다. 두 개(혹은 그 이상)의 자아가 정상이다. 단 하나의 자아로 이루어지는 정체성은 비정상이다. 그것은 갈등이 없는 일차원적 존재이다. 두 개의 손이 "한 손에서 일순 만나 손을 완성하는" 순간이 곧 생의 작열하는 환희의 순간이다. 홀로움의 절정에서 손, 즉 자아가 투명해진다. 나는 나이면서, 동시에 나를 벗어난 새로운 존재이다. 인간에서 떨어져 나와 '사람'이 되는 것이다. '나'는 인간 사이에서, 인간으로서 인간 앞에 있는 것이 아니라, 자연 앞에서 또 다른, 생생하게 살아 있는 자연인 것이다. 에로스는 설레지 않을 수 없다. 주위에는 당연히 아무도 없어야 한다. 온몸, 전(全)감각으로서의 손은 나무의 존재 전체와 교감을 이룩한다.

> 손에 나무의 무늬가 묻어난다.
> 무늬가 살아 있었구나
> 한때 숨쉬며 설레고 꿈꾸던
> 나무들의 환희 고통 추억이.

"반계의 집에서 반계를 잊고" 내려올 만큼 '나'는 '사람'으로 돌아가 있었다. 그러나 '내려오는 길'은 현실로 복귀하는 길. '사람'은 인간으로 돌아가기 싫지만, 돌아가지 않을 수도 없다. 몸을 열어주었던 좀 전의 산당화는 "손대지 말아요!"라며 거부한다. 하지만 아직 완전하게 인간으로 돌아간 것은 아니어서 설렘이 살아 있다. 설렘. 설렘처럼 살아 있다는 것을 극채색으로 증명하는 마음의 상태도 드물다. 설렘이 없는 생, 죽은 삶이다. 설렘만 있는 삶, 비현실이다. 설렘은 설레는 자로 하여금 설렘 이후를 허망하게 하기도 하지만, 설렘은 리비도의 활발한 작용이다. 설렘이 없다면 삶은 한치도 앞으로 나아가지 않는다.

> 사람이 설레는 순간을 그 누가 간단히 잡을 수 있으랴?
> 몸 속을 눈감고 달리는 저 무량(無量)의 피
> 먹구름 속에서 울리지 않고 거푸 치는 징

"눈감고 달리는 피"와 "거푸 치는 징"이 몸 속에서 쿵쾅거린다. 인간이 아니라 사람의 몸 속에서. 그 순간은 우주만큼 크고 거룩한 것이어서 "1기가바이트"에 달하는 저장 용량을 가진 컴퓨터도 담아내지 못한다. 그것은 과학 기술이 감히 넘볼 수 없는 생명의 신비로운 작용인 것. 시인은 우주와 대면했던, 그리하여 우주가 되었던 '사람'의 한순간을 저장/기록하는 대신 자신의 "두 손을 차례로 들여다본다./손이 점차 투명해지고/반디들이 여기저기 뜨고/저 환한 시간의 멈춤!" 인간은 유일하지 않지만 '사람'은 저마다 유일하다. 인간에게 시간은 외부이고, 타율이고, 강제이지만, 사람에게 시간은 내부이고 자율이고 능동이다. 사람이 되는 순간, 다시 말해 우주가 되는 순간, 시간은 환하게 정지한다. 시간과 사람이 하나가 되는 고요한 순간이다. 이때의 멈춤은 죽음이 아니라 완성에 가깝다.

'버클리 시편' 연작과 「죽음의 골을 찾아서」가 뼈대를 이루는 제2부는 홀로움의 생태학을 보여준다. 무작정 자동차를 몰고 가 닿는 모국의 어떤 풍경이 아니라, 아예 태평양을 건너 미국 샌프란시스코의 한 아파트에서 혼자 머무는 시인의 안팎은 홀로움으로 가득하다. 하지만 이 홀로움은, 미국에 가기 이전, 그러니까 첫번째로 실린 시 「퇴원날 저녁」에서부터 잠복해, 거의 모든 시편의 분위기를 지배한다. 이 홀로움은 '사람'으로 돌아가는 에로스의 감각을 되살려내는 전제이자 그 내용이다. 그러니까 이번 시집은 홀로움의 노래이다. 첫 시 「퇴원 날 저녁」에서부터 "혼자 있을 때만이라도 한번 다르게 살아보자고/나를 떼어놓고 살아보자고, 느슨히 살아보자고" 다짐하는 「지상(地上)의 양식」, 딸애를 독일에 보내고 돌아와 아파트에서 공허감을 어쩌지 못하다가 선문답으로 허전함을 달래는 「딸애를 보내고」, 북인도의 새벽을 달리는 기차 안에서 일출을 맞이하는 「캘커타 가는 길」, 반계 유형원의 집을 찾아가는 길에서 "마음속에 켜 있던 불씨들"과 해후하는 「산당화의 추억」, 샌프란시스코에서 씌어진 '버클리 시편' 연작을 비롯해 미국 체류 기간에 씌어진 시를 대표하는 「죽음의 골을 찾아서」들, 그리고 다시 귀국해서 씌어진 3부의 시들에도 거의 모두 '홀로움'이 번져 있다.

버클리에서도 시인은 말라 있다. "목마름이 사람을 목마른 사람으로 만든다"("추억이 인간을 사람으로 만든다"는 구문과 비교되거니와, 황동규의 시는 원효의 일체유심조 사상을 근저에 깔고 있다. 사람은 마음의 어떤 상태에 의해 만들어지는 마음의 존재라는 인식!)로 시작되는 「버클리 시편 2」는, 예술이 "혹은 목마른 사람의 마음속 어디에/마른 씨

앗처럼 붙어/언젠가 단비 올 때 다시 싹트곤 할까?"라고 묻고 있다. 이 말라 있음은 「바우아 데비의 그림」에서 「산당화의 추억」에 나타났던 초록 독뱀을 '추억' 하게 하면서 '습지'를 지향한다. "습지가 많은 가난한 고향 마을"에 눌러 살고 있는 인도 화가 바우아 데비는 '죽음의 골'을 떠나기 전에 성취한, 에로스와 홀로움의 한 절정이다.

> 삶의 온갖 고통 다 살아버리고 다 살라버리고
> 이제 삶의 환희만 남은 그대,
> 그대가 물감 칠한 모든 종이는 노래하고 있다.

창녀보다도 낮은 인도 최하층 계급으로 태어났지만, 바우아 데비는 '손'(「산당화의 추억」의 그 손!)으로 세계를 바꾸어놓는다. 그녀의 손이 가 닿으면, 그녀의 "선과 색이 만나 타오르면" 모든 것이 "살맛 하나로 바"뀐다. 그 손의 구체적 현현이 그녀가 그린 '뱀 소녀.' 신화다. 자신을 해친 뱀들도 '환한 뱀'으로 소생하여 노래하고, 시바 신의 남근도 산봉우리처럼 부풀어오르는 세계. 뱀 소녀는 "지상은 물론/뱀의 고향 지하까지 노래"한다. 생명의 원초적인 세계, 홀로움을 통하여, 에로스의 환희를 통하여 마침내 '사람'이 되어 도달하고 싶어하는 세계를, 습지가 고향인 바우아 데비는 눈앞에 보여주고 있다. 시인은 바우아 데비의 그림 속에서 「산당화의 추억」을 추억했던 것인지도 모른다.

그리고 나서 시인은, 해면보다 낮은, 소금의 골짜기인 '죽음의 골'을 탐사한다. "갈 때는 결국 모두 두고 떠나는 거지?"라는 독백으로 시작하는 이 장시의 앞부분은 「풍장」의 한 대목을 불러오거니와, 죽음을 만나러 가기 직전, 시의 화자는 인간적인 것, 그로 하여금 사회 속의 한 일원임을 알려주는 모든 증서를 잃어버린다. 운전 면허증, 비자카드, 수첩, 도서관 열람증, 증명 사진까지. 그는 '사람'이 되어 있다. 그리고 즐겁지 않은 홀로움의 끝에서 죽음은 장소인가, 아니면 시간인 것인가, 라고 자문한다. 태평양으로 해가 떨어지는 순간, 들고 있던 잔이 떨어진다. 거대한 바다가 하나의 잔으로 치환되는 순간이다. 그렇다면, 소금과 모래로 이루어진 해발 마이너스 95미터인 죽음의 골은 저 '마른 우물'의 변주가 아닐 것인가. 황동규의 시는 수면으로, 혹은 수면 아래로 하강하고 있다. 가장 낮은 지면, 물이 솟지 않는 마른 우물/소금 사막에서, 시간과 죽음을 정면으로 마주하는 것이다.

두 발이 허공에서 허둥대는 꿈에 시달리는 '나'는 신새벽에 LA를 떠나 죽음의 골을 향한다. 도로가 해발 0미터 아래로 낮아지자 "바람도 들어와선 길을 잃는다." 해수면보다 낮은 땅이라는 비현실적인 현실. 소금이 변하지 않는 것의 은유라면, 소금밭인 이 죽음의 골은 그 어떤 것도 변화하지 않는, 죽음의 공간이다. 그러나 시인은 가만히 들여다보며 '흐름'을 본다. 그 흐름을 발견하고 나서야 "죽음이 느껴지지 않는다"고 말한다. "빛나는 소금 골"! "눈이 찡하도록 걸어도/죽음의 골은 계속 내 발을 받아주었다." 두 발이 허공에서 허둥대는 꿈은, 죽음의 골, 눈이 부신 소금 골에서도 꿈이었다. 꿈이 꿈으로 확인되는 순간, 현실은 현실로 다가왔다.

어디를 보아도 버려진 시간은 없다.·

그리고 돌연, 달이 떠오른다. 달이 무엇인가. 유일한 불변인 태양에 대응하는, 변화하는 것의 대표적 상징 아닌가. 소금은 태양의 사생아이다. 태양이 가차없이 버리고 간 것이 소금이다. 태양은 소금을 혐오해서, 바닷물에서 소금기만을 남긴다. 염전은 소금의 탄생지이지만, 바다의 묘지이기도 하다. 생성과 소멸이 공존하는 기이한 공간이 염전이다. 태양이 지배하는 낮에 소금 골은 죽음이지만, 바다를 움직이는 달이 달빛을 비추는 밤이면 소금 골은 부활의 공간이 된다. 소금 골이 달빛에 의해 다시 태어나는 장면은 이번 시집의 또 다른 주제인 부활의 이미지가 선명하다.

> 언덕 너머 소금 빛이 피어오르고
> 달빛이 춤을 추기 시작한다.
> 달이 좀더 높이 오른다.
> 여러 색깔 둔덕들이 제각기 살아나 숨을 쉰다.
> 죽음의 골 전체가 숨을 쉬고
> 별들이 쟁그랑거리며 소근댄다.

마른 우물에서 소금 골까지, 초록 뱀에서 '뱀 소녀'에 이르기까지, 황동규의 시는 너울거리며 나아간다. 삼각 파도처럼 낙차가 큰(작품의 완성도를 말하는 것이 아니다) 그의 시들은, 그러나 보통의 시에서는 발견하기 어려운 '복선'에 의해 서로 밀고 당기며 그 울림을 극대화한다. 시적 자아의 화학적 변화를 위한 시쓰기 전략인 극서정시(그의 시는 여행을 떠난다는 특징 이외에도, 시공간의 몽타주를 통해 시의 시공간을 확대시키면서 시의 긴장 강도를 높인다는 '차별화 전략'을 찾아볼 수 있다. 문답형 문체도 이 효과에 가담한다. 그의 극서정시들은 언어의 표면 장력을 떠올리게 한다)가 한 편의 시에 해당하는 것이라면, 그 시편들이 모인 시집은, 그야말로 커다란 한 편의 시이다. 마른 우물이 나오는 「재입원 이틀째」와 소금 골이 있는 「죽음의 골을 찾아서」, 혹은 「산당화의 추억」과 「바우아 데비의 그림」에 나오는 뱀에서만 두드러지는 것이 아니다. 이 시는 수시로 저 시 속으로 침투한다. 저 시는 또 이 시 속으로 잠입한다. 거듭 말하지만, 이번 시집은 한마디로, 끝없이 '홀로움'이 변주되는 한 편의 시이다.

「범종 소리, 들어갈 수 없는」은 「죽음의 골을 찾아서」의 음각이다. 황동규의 시는 이처럼 양각과 음각의 세계를 넘나들며 너울거린다. 죽음의 골에서 죽음을 극복한 '나'는 '범종 소리'에 얻어맞으며 분열된 자아의 엑스레이를 보여준다. "내 팔이 나를 안고 간다"랄지 "한번 나를 넌지시 건너보다가" 또는 "내가 나에게 길을 비킨다"에서처럼 '나'는 '나'와 분리되어 있다(앞에서도 잠깐 언급했지만, 그러나 이 분리/분열이 현실이다. 심리학의 최근은, 우리들의 일상적 삶이 극도로 분열된 삶이 아닌가, 라고 되묻는다. 우리는 여러 개의 정체성을 확보하지 않는 한 단 하루도 현실에 적응할 수 없기 때문이라는 것이다. 단 하나의 자아로 살아가는 삶은 불가능하다는 것이다. 우리는 최소한 두 개 이상의 자아를 구비하고 이 무섭도록 빠른 속도의 시대를 건너가고 있는 것이다).

그의 홀로움이 홀로움답지 못할 때 찾아간 곳이 서산 가로림만. 그곳에서 시인은 「소유언시(小遺言詩)」를 쓴다. 죽음은 맑은 것(「1997년 12월 24일의 홀로움」)이라는 깨달음에 이르렀던 시인은, 맑음 속에서 "생물의 팔"을 잡아보지만(「어려운 것들 2」) '바로 내가 지옥이었다'며 안개 속을 질주한다(「안개의 유혹」). 죽음과 삶, 지옥과 생물의 생생함 사이에서 너울거리며 '사람'이 되어 시인이 도착한 곳은 간만의 차이 심한 달(月)의 고장, 곰섬〔熊島〕이다. 죽음의 골을 찾을 때나 안개 속을 달려 남해 금산에 오를 때와는 달리, 이 시에서 '나'는 여유롭다.

> 그 뒤에 편안히 누워 있는 거대한 자연석(自然石) 남근을 만나
> 생전 알고 싶던 얘기나 하나 묻고
> 대답은 못 듣고.

그러나 문명은 뻔뻔스러운 것이어서 10년 전 추억이 사라지고 말았다. 그러나 "나이 늘며 삶이 점점 직선으로 바"뀌고 "지난 일들이 빤히 건너다 보"인다. 이윽고 염전에서 시간의 칸, 허연 "마지막 칸"과 만난다. 염전에서 한 칸 씩 옮겨가며 소금이 되는 바닷물을 바라보며 산다는 것이 '스스로든 억지로든 칸 옮겨다님'이라는 사실을 깨닫는다. "왜 인간은 살 만큼 살다 말려 않는가?"라는 질문이 놓이는 자리는 생선의 비릿함이 흥건한 평상이고, 그 냄새에서 "우리가 처음 삶에,/삶에 저도 모르게 빠져든 자리!"를 불러오면서 "육십 년 익힌 삶의 뻔새들을 모두 잊어버린다." '사람'으로 거듭나는 그 자리는 처음이자 마지막이 겹쳐져

있는 신화의 자리이다. 쑥과 마늘을 먹고 '사람'이 된 곰의 신화가 깃들어 있을 곰섬에서 새로운 떠남과 설렘을 확인하는 자리. 그 자리는 바로 달의 인력(引力)이 강력하게 작용하는 바닷가인 것이다. 어둠 속에서 신새벽의 떠남을 기다리지만, '나'의 내부에는 아직도 화해하지 못한 "한 노엽고, 슬거운 사람"이 있다. 저 이중적 자아를 끌어안고 하나의 '나'로 다시 태어나고 싶지만, 저 하나의, 완성된 '나'는 곰처럼 가슴을 친다고, 밤새처럼 밤새 운다고 해서 가능한 것은 아니리라. 만일 저 두 개의 '나'가 하나의 '나'로 합일한다면, 그리하여 환해진다면, 그의 삶은 완성될지 몰라도, 그의 시는 더 이상 설레는 홀로움을 담아내지 못할 것이다. "열반에 머문다는 것은 열반에 속박되는 것"이라는 원효의 법문은 이쯤에서 다시 읽어야 한다.

황동규 시인이 열반 속을 걸어 열반 밖으로 나가듯이, "사람 속을 걸어/사람 밖으로 나"가듯이(「1998년 5월의 문답」), 우리는 우리 자신의 홀로움과 해후하기 위해 시 속을 걸어 시 밖으로 나가야 한다.